청년 노동자
전태일

청년 노동자
전태일

위기철 지음

| 고침판을 내면서 |

전태일은 이런 사람이야

 부끄러운 고백 하나 할게. 일곱 살 때 가게에서 물건을 훔친 적이 있어. 그 때 생각으론 훔쳤다기보다 그냥 몰래 집어온 것이지만, 그 말이 그 말이지, 뭐. 물론 나쁜 짓이라는 건 나도 알고 있었어. 하지만 재미있었어. 뭐가 재미있었는지 기억도 안 나. 스릴이라도 느꼈던 걸까?
 내가 훔친 물건들은 조그만 잡동사니들이었어. 내 옷에는 주머니가 없었거든. 그래서 손아귀에 쏙 들어갈 수 있는 물건을 훔쳐야 들키지 않을 수 있었지. 일곱 살 아이 손이 커봐야 얼마나 크겠니? 기껏해야 구슬이나 머리핀 따위였을 테지.
 그 날도 조그만 물건을 한 개 움켜쥐었어. 주인은 멀찌감치 떨어져 있었으니 전혀 눈치를 못 챘을 테지. 그런데 그 때 누군가 내 어깨를 툭 치며 이렇게 말하는 거야.

"너 거기서 뭐 하니?"

깜짝 놀라 돌아보니 이웃 아이가 서 있었어. 그 아이는 그냥 아는 척했을 뿐이지만, 내가 얼마나 놀랐겠니? 그 뒤론 두 번 다시 물건을 훔치지 않았어. 심지어는 길에 떨어진 동전조차 줍고 싶지 않더구나.

전태일은 바로 그런 사람이야.

나쁜 짓을 하고 있을 때, 게으름을 피우고 있을 때, 혼자만 욕심을 채우려 할 때, 느닷없이 내 어깨를 툭 치며 "너 거기서 뭐 하니?" 하고 묻는 이웃 아이 같은 사람. 그저 반가워 아는 척했을 뿐인데, 나는 흠칫 놀라 얼굴이 붉어지곤 하지. 꼭 제 방귀 소리에 놀란 토끼처럼 말이야.

전태일은 성공한 사람도 아니고, 훌륭한 업적을 남긴 사람도 아니야. 그저 어디서나 볼 수 있는 다정한 이웃 같은 사람이야. 싱글싱글 웃는 얼굴로 "친구야, 반갑다!" 하고 어깨를 툭 쳐 주는 사람.

하지만 전태일은 거울 같은 사람이야. 거울 앞에 서면 우리 모습을 비춰볼 수 있잖니? 콧등에 코딱지가 붙었는지, 이빨 사이에 고춧가루가 끼었는지, 눈가에 눈물 자국이 얼룩덜룩한지 알 수 있잖니? 그래, 전태일은 그런 사람이야. 얼굴뿐 아니라 마음까지도 빤히 비춰볼 수 있도록 아주 깨끗한 거울을 내미는 사람.

전태일은 바로 그런 사람이야.
괜한 욕심으로 투정을 부리고 있을 때, 별것도 아닌 일로 부모를 원망하고 있을 때, 심통이 나서 형이나 동생을 미워하고 있을 때, 세상에서 가장 불행한 사람이라도 된 듯 슬퍼하고 있을 때, 전태일은 너희 어깨를 툭 치며 이렇게 물을지도 몰라.
"너, 지금, 거기서 뭐하니?"

2005년 6월
위기철 아저씨가

| 차례 |

고침판을 내면서 5

산산조각으로 깨어진 해 11
어머니 16
해방된 조국 26
부산 시절 31
서울 생활 38
어린 가장 49
집을 떠나서 59
썩은 무 한 토막 67
청옥 고등공민학교 79
배움을 찾아서 89

알코올 중독자 99

동생을 버리다 109

우리 다시는 헤어지지 말자 122

청계천 평화시장 133

청계천의 어린 소녀들 143

우리는 바보다 156

어린 동심들 곁으로 169

작은 승리, 큰 절망 177

불꽃 192

뒷이야기 201

전태일의 생애   209

산산조각으로 깨어진 해

깜깜한 밤입니다. 어둠에 기가 죽어 버렸는지 벌레 소리, 개구리 소리조차 들리지 않습니다.

"참 이상하네. 세상이 갑자기 왜 이렇게 어두워졌을까?"

어머니는 방문 앞 쪽마루에 앉아 중얼거렸습니다. 하늘에는 달은커녕 희미한 별빛 하나 보이지 않습니다.

"어서 달이 떠야 할 텐데……. 그래야 세상이 좀 밝아질 텐데……."

그 때 동쪽 하늘이 뿌옇게 밝아 왔습니다. 어머니는 이제야 달이 뜨나 싶어 하늘을 쳐다보았습니다.

"무슨 달이 저렇게 밝지?"

동쪽 하늘 끝에서 둥근 것이 불쑥 솟아올랐습니다. 그것은 달이 아니라 불꽃처럼 활활 타오르는 해였습니다. 그것을 보자 어머니는 막혔던 가슴이 확 뚫리는 듯한 느낌이 들었습니다.

그런데 더 놀라운 일이 벌어졌습니다. 해가 갑자기 어머니가 앉아 있는 쪽마루를 향해 마구 달려왔습니다. 빛이 너무 밝아 어머니는 눈을 뜨기도 힘들 지경이었습니다.

해가 가까이 다가오자 어머니는 더럭 무서운 생각이 들었습니다. 그래서 얼른 방으로 들어가 방문을 꼭 걸어잠갔습니다. 방문이 덜커덩거렸습니다. 커다란 해가 방문 틈을 비집고 안으로 들어오려고 애쓰는 것 같았습니다.

'문 열어 주세요! 어머니, 문을 열어 주세요!'

소리를 낸 것은 아니지만, 어머니는 해가 하는 말을 알아들을 수 있었습니다. 어머니는 방문 틈을 비집고 들어오려고 안간힘을 쓰는 해가 애처로워 보였습니다. 그래서 큰마음을 먹고 방문을 활짝 열어젖혔습니다.

그러자 커다란 해가 방 안으로 쏜살같이 들어와 어머니 가슴을 세게 들이박고는 산산이 부서져 버렸습니다.

"어이쿠!"

뒤로 벌렁 넘어진 어머니는 가슴을 싸안았습니다. 가슴팍이 찢어질 듯이 아팠습니다.

얼마 뒤 어머니는 정신을 가다듬고 방문 밖을 내다보았습니다. 놀라운 광경이 펼쳐져 있었습니다. 잘게 부서진 해의 조각

들이 여기저기 널려 있었습니다. 나뭇가지 위에도, 지붕 위에도, 풀밭 위에도, 공터 위에도, 더러운 시궁창 속에도, 눈길이 닿는 곳 어디에나 해 조각들이 널려 있었습니다.

해 조각들은 여전히 빛을 잃지 않은 채 영롱하게 반짝였습니다. 그래서 어두운 밤 하늘보다도 오히려 땅이 훨씬 밝아 보였습니다.

깨어 보니 꿈이었습니다.

그런데 잠이 깬 뒤에도 어머니의 가슴은 여전히 얼얼하게 아팠습니다. 진짜로 해가 부딪히고 간 듯이 말입니다. 아버지에게 꿈 이야기를 들려주었더니, 아버지는 껄껄 웃으며 좋아했습니다.

"태몽을 꾸었군그래. 해를 껴안는 꿈을 꾸면 크게 될 인물을 낳는다고 했는데, 우리 아기는 장차 훌륭한 사람이 될 게 틀림없소!"

그러나 어머니는 어쩐지 불안한 생각이 들었습니다. 해를 껴안았다기보다는 해가 가슴에 부딪혀 깨지는 꿈이었으니까요.

'이 아이가 앞으로 어미 가슴이 찢어질 일을 하는 건 아닐까?'

어머니는 그런 걱정이 들었습니다.

한편으로는 산산조각이 난 해가 여기저기에 널려 깜깜한 세상을 밝혀 주고 있었으니 좋은 꿈일지도 모른다는 생각도 들었습니다. 그러나 해가 가슴에 와서 부딪힐 때 느꼈던 아픔만큼은 오랫동안 머릿속에서 떠나지 않았습니다.

  어머니가 이런 꿈을 꾸고 난 몇 달 뒤인 1948년 8월 26일, 경상북도 대구시 남산동 달성공원 가까이 있는 한 허름한 집에 큰 경사가 났습니다. 떡두꺼비 같은 사내아이가 태어난 것입니다.

  결혼하고 얻은 첫아기였기에 아버지와 어머니는 이루 말할 수 없이 기뻤습니다. 아기의 조그만 손발, 쌔근대는 숨소리, 바동거리는 작은 몸짓 하나까지도 신기하기 짝이 없었습니다.

  아버지는 아이의 이름을 '태일'이라고 지었습니다. 한자로는 클 태(泰) 자에 한 일(壹) 자를 썼습니다. 그러니 '커다란 하나'라는 뜻인 셈이지요.

  "태일! 전태일!"

  아버지는 흐뭇한 마음으로 아기 이름을 되새겨 보았습니다. 앞으로 얼마나 많은 사람들이 그 이름을 부르게 될지, 아버지는 상상조차 할 수 없었을 것입니다. 그저 아기가 부모처럼 고생하지 않고 행복하게 살 수 있기만을 간절히 바랐습니다.

어머니

태일이 태어난 1948년은 우리 나라가 일본의 지배에서 벗어난 지 3년째 되는 해입니다. 일본 식민지 시절에는 누구나 그랬지만, 태일의 어머니와 아버지도 나라를 빼앗긴 까닭에 많은 고생을 하며 살아왔습니다.

태일의 어머니 이소선은 경상북도 달성군에 있는 가난한 농촌 마을에서 태어났습니다. 위로 언니와 오빠를 하나씩 둔 둘째 딸이었습니다. 소선이 태어난 마을은 가난했지만, 사람들의 성품이 모두 곧고 꿋꿋했습니다. 소선의 아버지 또한 옳지 못한 일을 보면 참지 못하는 사람이었습니다.

소선이 세 살 무렵, 집안에 큰 불행이 몰아닥쳤습니다.

그 무렵 일본 사람들은 중국과 전쟁을 벌이느라 우리 나라 농민들이 거둔 농산물들을 빼앗아 갔습니다. 그래서 우리 농민들은 늘 헐벗고 굶주리며 살아야 했습니다. 그러나 우리 농민들도 일본 침략자들에게 고분고분 당하고 있지만은 않고 농민운동을 벌여 일본에 맞서 싸웠답니다. 남달리 정의감이 강한 소선의 아버지도 농민운동에 참여하고 있었는데, 그만 일본 경찰이 그 사실을 눈치채고 말았습니다.

일본 경찰은 소선의 아버지를 경찰서에 끌고 가 온갖 몹쓸 고문을 했습니다. 그러나 아버지는 끝끝내 뜻을 굽히지 않았습니다. 아무리 악독한 고문을 해도 소용이 없자 일본 경찰들도 마침내 포기하고 말았습니다.

"이놈을 산으로 끌고 가서 죽여 버려!"

그러나 아버지는 산에 끌려가서도 당당하게 외쳤습니다.

"이놈들아, 네놈들이 아무리 발광을 해도 일본은 망하고 만다! 이 강토의 바위들조차 입을 열어 네놈들을 욕할 것이다!"

일본 경찰은 소선의 아버지를 죽여 구덩이 속에 파묻어 버렸습니다.

일본 경찰들의 못된 짓거리는 여기에만 그치지 않았습니다. 소선네 마을을 독립운동의 본거지라고 점찍어 놓고, 마을 사람들을 잡아가 고문을 하기도 하고, 때로는 죽이기까지 했습니다. 그래서 마을 사람들은 언제 잡혀가서 죽게 될지 몰라 늘 불안에 떨며 지내야 했습니다.

소선의 어머니는 더욱 불안했습니다. 일본 경찰들은 이제 겨우 여덟 살밖에 안 된 소선의 오빠마저 의심하고 감시했기 때문입니다. 나중에 자라서 아버지의 원수를 갚을지도 모른다고 생각했던 것이지요.

이렇게 소선네 가족은 고생과 불안 속에서 2년의 세월을 보냈습니다.

소선이 다섯 살 되던 무렵, 소선의 어머니는 마침내 어려운 결심을 했습니다. 남편을 잃어 먹고살 길도 막막했지만, 소선의 오빠를 살리려면 다른 마을로 달아나는 수밖에 없다고 생각한 것입니다. 그래서 어머니는 개가(다시 결혼함)하기로 마음먹었습니다.

어느 날, 어머니는 맏딸인 소선의 언니를 불러 앉혀 놓고 눈물을 흘리며 말했습니다.

"우리가 이대로 살다가는 일본놈들한테 언제 잡혀 죽을지 모른다. 그래서 나는 이 마을을 떠나기로 결심했다. 너는 이제 다 컸으니 외갓집에 가서 일손을 거들면 설마 밥이야 굶겠니? 그러니…… 어미는 아무도 돌봐 줄 사람 없는 네 어린 동생들만 데려가려고 한다."

소선의 언니도 눈물을 흘리며 말했습니다.

"어머니, 염려 마세요. 저야 열네 살이나 됐는데 어디에선들 못 살겠어요? 다만 어린 동생들 데리고 고생할 어머니를 생각하니……."

"그래, 네가 어미 심정을 이해해 주니 고맙구나. 고생이 되더라도 못난 부모를 만난 탓이려니 여기며 꾹 참고 지내라."

어머니는 가슴이 미어져 더 이상 말을 잇지 못했습니다. 언니도 마찬가지였습니다. 모녀는 하염없이 눈물만 흘렸습니다.

며칠 뒤 어머니는 동네 어귀를 나섰습니다. 언니는 소선의 손을 꼭 잡으며 말했습니다.

"소선아! 어머니 말씀 잘 듣고, 어떤 어려운 일이 있어도 울지 마. 알았지?"

소선은 왜 언니가 눈물을 흘리는지도 모르는 채 고개를 끄덕였습니다.

"어서 가자. 갈 길이 멀다."

어머니는 소선의 손을 잡아끌었습니다. 더 이상 머뭇거리다가는 어린 자식들 앞에서 눈물을 쏟을 것만 같았기 때문입니다.

언니는 소선 일행이 산굽이를 돌아 보이지 않을 때까지 동네 어귀에 서서 손을 흔들었습니다. 소선은 자꾸자꾸 뒤를 돌아보았습니다. 그러나 어머니는 뒤를 돌아보지 않았습니다. 앞만 꼿꼿이 바라보며 걸어가는 어머니의 눈에는 한 줄기 눈물이 흘러내리고 있었습니다.

어머니가 소선을 데리고 간 곳은 정씨 일가친척들이 모여 사

는 박실 마을이었습니다.

　마을 사람들은 소선 남매를 천덕꾸러기 취급을 했습니다. 성씨도 다른데다가 후살이(여자가 다시 결혼해서 사는 일)하러 온 여자한테 딸린 자식이었으니까요. 여자는 오직 한 남편만 받들어야 한다고 믿던 시절이었기 때문입니다.

　의붓아버지네 식구들도 소선 남매를 그리 달갑게 여기지 않았습니다. 먹을 것도 부족한 터에 군식구가 늘었으니 좋아할 까닭이 없었지요.

　비록 밥은 얻어먹을 수 있었지만, 소선은 박실 마을이 지옥처럼 여겨졌습니다. 그래서 철없이 어머니만 졸라 댔습니다.

　"엄마, 우리 다시 옛날 마을로 가, 응? 옛날 마을에 못 가면 산에 가서 풀뿌리 캐 먹고 살자, 응?"

　그러나 어머니는 아무 대꾸도 하지 않았습니다.

　어린 남매가 구박받지 않게 하려고 어머니는 손발이 닳도록 열심히 일했습니다. 새벽에 일어나 밥을 짓고, 밭에 나가서 온종일 김을 매고, 집에 돌아와서는 한밤중까지 베를 짰습니다.

　그것은 어린 남매도 마찬가지였습니다. "아무 일도 하지 않고 처먹기만 한다"는 소리를 듣지 않으려고 겨우 여섯 살밖에 안 된 소선도 아침 일찍 일어나 거름으로 쓸 개똥을 줍고, 하루에 세 번씩 나뭇짐을 해 와야 했습니다.

　학교에 갈 나이가 됐지만, 집안 어른들은 소선 남매를 학교에 보내 주지 않았습니다. 먹고살기도 힘든데 의붓자식들 학비까지 댈 수 없다고 생각했던 것입니다.

어느 날 오빠가 소선에게 말했습니다.

"이대로 살다가는 머슴 신세밖엔 안 되겠다. 나는 일본에 가서 돈도 벌고 공부도 해야겠어. 내가 돈을 많이 벌면 부쳐 줄 테니, 그 돈으로 너도 공부하고 어머니도 행복하게 해 드려라."

소선은 오빠와 헤어지기 싫어 울면서 붙잡았지만, 오빠는 소선이 잠든 새벽녘에 몰래 집을 떠나 버렸습니다.

소선도 학교에 다니는 아이들이 몹시 부러웠습니다.

'좋아. 나를 학교에 보내 주지 않으면 혼자서라도 갈 테다.'

소선은 이렇게 결심하고 무턱대고 학교에 다니기 시작했습니다. 남들보다 일찍 일어나 나뭇짐을 석 단씩 지어다 놓고는 학교로 달려갔습니다.

정식으로 입학하지도 않고 학비를 내지도 않았으니, 교실에 소선이 앉을 자리가 있을 까닭이 없습니다. 그래서 소선은 다른 아이들 책상 밑에 숨어서 수업을 받았습니다. 그러다가 일본 선생에게 들켜 밖으로 내쫓기면, 교실 밖에서 귀를 기울이고 공부했습니다.

하루는 학교에 다니는 마을 아이들 사이에 구구단을 외우는 소동이 벌어졌습니다. 일본 선생이 구구단을 모두 외워 오는 학생에게는 상으로 고무신과 연필, 공책을 주겠다고 약속했던 것입니다.

소선은 기필코 그 상을 타야겠다고 마음먹고 온종일 구구단만 외웠습니다. 날이 깜깜해져서 구구단 적은 쪽지를 도저히 읽을 수가 없게 되자, 호롱불 켜 놓은 집을 찾아가 문틈으로 새어 나오는 빛에 쪽지를 비추어 보며 구구단을 외웠습니다. 그 시절에는 기름이 귀해서 웬만큼 살림이 넉넉해야 밤에 불을 켤 수 있었답니다.

다음날이 되었습니다. 소선은 다시 책상 밑으로 숨어들었습니다.

일본 선생이 학생들에게 구구단을 외워 보라고 했습니다. 그러나 학생들은 아무도 외우지 못했습니다.

그러자 일본 선생은 학생들을 깔보며 말했습니다.

"역시 조선 놈들은 머리가 나빠!"

그 때 소선이 책상 밑에서 불쑥 튀어나와 말했습니다.

"제가 한번 외워 보겠습니다."

선생은 책상 밑에서 느닷없이 튀어나온 소선을 보고 깜짝 놀랐습니다.

선생은 잠시 생각하고는 말했습니다.

"좋다, 한번 해 봐라. 하지만 제대로 외우지 못하면 종아리를 맞고 다시는 교실에 숨어들지 않겠다고 약속해라."

소선은 정식으로 입학한 학생이 아니어서 상을 받을 자격은 없었지만, 일본 선생은 책상 밑에 숨어서 배운 아이가 얼마나 잘 외울까 싶어 시켜 보았습니다.

소선은 막힘없이 구구단을 줄줄 외웠습니다.

"그놈 참 똑똑한 놈이구나!"

일본 선생도 깜짝 놀랐습니다.

선생은 소선의 집안 형편을 알고는 납부금을 면제해 줄 테니 소선을 학교에 입학시키라는 편지까지 써서 집안 어른에게 갖다 주라고 했습니다.

그러나 집안 어른들은 편지를 읽고는 "하라는 일은 않고 쓸데없이 돌아다녔다"면서 소선을 골방에 가두고 매질을 했습니다. 상으로 받은 고무신과 공책, 연필도 빼앗아 다른 아이들에게 나누어 줘 버렸습니다.

소선이 어엿한 처녀가 되자 마을 사람들은 더 이상 소선을 박대하지 못했습니다. 부당한 대우를 받을 때마다 조목조목 따지고 드는 소선의 당돌함에 마을 어른들도 손을 들고 만 것입니다. 뿐만 아니라 소선이 다 자라서 집안의 일꾼 노릇을 톡톡히 해내니 함부로 대할 수 없었습니다.

그러던 어느 날, 소선은 또 한 번 시련을 겪게 되었습니다. 그 무렵 일본은 '정신대'라고 해서 우리 나라 처녀들을 강제로 잡아가서 일본 군인들의 노리갯감으로 삼았습니다. 소선도 정신

대에 강제로 끌려가게 되었던 것입니다.

　소선은 곳곳에서 끌려온 처녀들과 함께 커다란 창고에 갇혔습니다. 창고에서 사람들이 하나 둘 불려 나갈 때마다 소선은 가슴이 콩콩 뛰었습니다. 만일 전쟁터로 끌려가면 일본 군인들의 노리개로 지내다가 죽게 될 것이 뻔했기 때문입니다.

　불행 중 다행으로, 소선은 전쟁터 대신 대구에 있는 공장으로 끌려갔습니다. 일본 군인들의 군복을 만드는 공장이었습니다. 그러나 그 곳 또한 전쟁터나 다름없었습니다. 노예처럼 하루 종일 일만 시키면서 주는 음식이라곤 썩은 옥수수를 물에 불려서 만든 옥수수밥뿐이었습니다.

　소선은 굶주림과 억울함을 참다 못해 몰래 도망치기로 했습니다.

　어느 날 새벽, 소선은 공장 담을 넘어 탈출하는 데 성공했습니다. 그러나 언제 일본 경찰에 들켜 다시 끌려가게 될지 모르는 일이었습니다.

　조마조마한 마음으로 숨어 지내던 소선에게 구원의 빛이 비쳤습니다. 1945년 8월 15일, 일본이 항복하고 우리 나라가 해방을 맞은 것입니다.

해방된 조국

 해방은 되었지만 강대국들은 우리 나라를 그냥 내버려 두지 않았습니다. 저희들 멋대로 삼팔선을 그어 우리 나라 땅을 두 쪽으로 갈라놓았습니다. 그 북쪽으로 소련이 들어오고, 남쪽으로는 미국이 들어왔습니다.
 그 때 남한은 미군이 직접 통치하고 있었는데, 이 시기를 '미군정 시기'라고 합니다.
 일본 식민지 때 일본인과 친일파들에게 땅을 빼앗겼던 농민들은 해방이 되면 마땅히 땅을 되찾게 될 줄로만 알았습니다. 그러나 미군은 일본인들이 가지고 있던 땅만 빼앗았지, 친일파들이 가지고 있던 땅은 그냥 놔 두었습니다. 게다가 그 일마저 늑장을 부리는 바람에, 일본인들은 땅을 빼앗기기 전에 재빨리 친일파들에게 팔아넘길 수 있었습니다.

그러니 농민들은 해방된 나라에서 여전히 친일파들의 땅에 농사를 지을 수밖에 없었답니다. 그래서 농민들의 생활은 일본 식민지 시절보다 나아진 것이 없었습니다.

노동자들도 마찬가지 형편이었습니다. 미군은 일본인 사장들이 가지고 있던 공장을 빼앗아 놓고 제대로 관리하지 않았습니다. 우리 노동자들이 스스로 협동하여 공장을 운영하겠다고 했지만, 미군은 허락하지 않았습니다.

공장이 제대로 돌아가지 않자, 실업자는 갈수록 늘어났고 국민들은 생활 필수품을 구하지 못해 쩔쩔맸습니다. 물건값은 하루가 다르게 뛰어올랐습니다. 해방되던 해에 백 원만 줘도 살 수 있던 물건이 그 다음 해에는 2천 원을 줘도 사기 어려워졌습니다.

해방이 되고도 이렇게 생활이 어려우니, 농민과 노동자들은 스스로 대책을 세울 수밖에 없다고 생각하게 되었습니다.

그 무렵 태일의 아버지 전상수는 대구에 있는 방직 공장(옷감을 짜는 공장)에 다니고 있었는데, 어느 날 동료들 사이에서 파업을 하자는 얘기가 나왔습니다. '파업'이란 노동자들이 일을 하지 않음으로써 부당한 대우에 항의하는 방법입니다.

노동자들은 얼마 전에 있었던 열차 기관사들의 파업 이야기를 하기도 했습니다.

"열차가 모두 멈춰 버리니까 그제야 미군들이 당황하면서 대책을 세우더라구!"

"그래, 우는 애한테 젖 물린다는 속담도 있잖아. 가만히 앉아서 굶어 죽을 수는 없지."

사람들은 이런 얘기들을 두런두런 나누었습니다.

얼마 뒤, 전상수가 다니는 공장에서는 정말 큰 파업이 일어났습니다. 그 공장뿐 아니라 대구에 있는 모든 공장이 다 파업을 했습니다.

노동자들은 거리로 나와 행진을 했습니다. 전상수도 동료들과 함께 나갔습니다.

미군정청(미군정 시기의 중앙행정기관)은 노동자들의 파업을 '폭도들의 반란'이라며 군대를 동원해 막았습니다. 이 과정에서 많은 노동자들이 다치고, 더러는 감옥에 잡혀가기도 했습니다. 결국 파업은 한 달 만에 끝났습니다.

전상수는 이런 광경을 지켜보며 좌절감에 빠졌습니다.

'몇몇 노동자들이 아무리 애를 써도 소용이 없구나.'

이 일을 겪고 난 다음 해 여름, 스물네 살이 된 청년 전상수에게 중매가 들어왔습니다. 사촌 형수뻘 되는 사람이 시골 처녀 한 명을 소개해 준 것입니다.

"어렵게 살아온 처녀지만, 마음 하나는 고와요."

그 처녀가 바로 이소선이었습니다. 소선은 정신대로 끌려갔다가 탈출한 뒤, 다시 박실 마을로 가서 어머니와 함께 살고 있었습니다.

사촌 형수는 중매쟁이답게 입에 침이 마르도록 소선을 칭찬했습니다.

"처녀가 여간 아니라우. 어찌나 영악하고 당돌한지 마을 어른들까지도 그 처녀 말이라면 고개를 끄덕인다우."

사촌 형수는 그 처녀에 대해서 자기가 알고 있는 것을 모두 얘기해 주었습니다. 아버지가 일본 경찰에 끌려가 죽은 일, 박실 마을에서 천덕꾸러기로 자라 온 일, 마을 사람들과 맞서 마을 분위기를 좋게 바꾸어 놓은 일…….

전상수는 대번에 그 처녀가 마음에 들었습니다.

"좋습니다. 나도 속이 확 뚫린 여자가 좋아요."

소선도 집안 어른들이 시키는 대로 대구에서 들어온 청혼을 받아들였습니다.

이렇게 하여 대구의 노동자 전상수와 박실 마을의 처녀 이소선은 부부가 되었습니다. 그들은 혼례를 치른 뒤, 대구에서 신혼살림을 차렸습니다.

부산 시절

태일이 태어난 무렵, 남한에는 미군정 대신 우리 정부가 수립되고 이승만이 첫 대통령에 당선되었습니다. 그러나 세상은 여전히 어지러웠습니다. 정부의 부정 부패 때문에 한동안 떠들썩하더니, 얼마 뒤에는 6·25 전쟁이 터졌습니다.

그 무렵 태일의 아버지는 공장을 그만두고 집에서 옷 만드는 일을 하고 있었습니다. 아주 넉넉하지는 않았지만, 세 식구가 먹고사는 데는 큰 지장이 없었습니다. 그런데 옷이 제법 잘 팔리자 아버지는 욕심을 내어 무리한 일들을 이것저것 마구 떠맡더니, 나중에는 뒷감당을 할 수 없어 쩔쩔매게 되었습니다. 결국 태일네 세 식구는 도망치다시피 대구를 떠나 부산으로 갔습니다.

무작정 부산에 오기는 했지만, 머물 곳도 없고 아는 사람도 없었습니다. 아버지는 일거리를 찾아 여기저기 떠돌아다녔고, 어머니는 겨우 세 살인 태일을 데리고 시장 바닥에서 잠을 자야 했습니다. 더구나 그 때 어머니는 만삭의 몸이어서 고생이 이만저만이 아니었습니다.

그렇게 시장 바닥에서 뒹굴며 열흘을 보낸 뒤에야 아버지는 작은 옷 가게에서 일할 수 있게 되었습니다. 옷 가게 주인 할아버지는 마음씨가 좋은 사람이어서 장사가 끝난 뒤에는 가게에서 잠을 자도록 허락해 주었습니다. 비록 딱딱하고 차가운 마룻바닥이었지만, 길거리에서 자는 것보다는 한결 나았습니다.

그러던 어느 날이었습니다. 한밤중에 어머니는 갑자기 배가 아파 왔습니다. 아기가 태어나려는 것입니다. 진통을 참으며 어머니는 이를 악물었습니다. 어머니의 질끈 감은 눈에서 눈물이 주르르 흘러내렸습니다. 아픔보다도 설움이 복받쳐 올랐던 것입니다. 다섯 살 때 어머니 손을 잡고 박실 마을에 갔을 때부터 지금까지 뼈가 빠지도록 일했건만, 아기를 낳을 작은 방 한 칸 얻지 못했습니다. 내일 아침 가게 문을 열면 갓난아기를 데리고 어디로 가야 할지, 아기를 어디에 눕혀야 할지 막막하기만 했습니다.

얼마 뒤 아기가 태어났습니다. 태일의 동생, 태일과 함께 평생을 가난과 싸우며 살아가야 할 동생입니다.

아기를 낳았다는 소식을 듣고 이웃집 사람들은 따뜻한 밥과 미역국을 해 왔습니다. 주인 할아버지도 자기 가게에서 아기가 태어났으니 기뻐해야 할 일이라며 어머니가 몸조리할 동안 장사를 하지 않겠다고 했습니다.

아버지는 아기 이름을 '홍태'라고 지었습니다. 아버지는 아기를 안고 눈물을 글썽거렸습니다.

"너만큼은 행복하게 살아야 할 텐데…… 행복한 시절이 와야 할 텐데……."

아버지는 태일이 태어났을 때와 똑같은 바람을 중얼거렸습니다.

온 가족이 이렇게 고생한 끝에 태일네 집안에도 행복이 찾아왔습니다.

전쟁 때여서 부산에는 군부대가 많이 주둔해 있었습니다. 아버지는 미군 부대 안에 일자리를 얻어 군인들 옷을 맞춰 주는 일을 맡게 되었습니다. 워낙 솜씨가 좋아서 장사는 하루가 다르게 번창해 갔습니다. 아버지는 앞마당까지 있는 꽤 번듯한 양옥집을 마련했습니다.

태일은 동생 홍태와 함께 앞마당에 앉아 거리를 내려다보곤 했습니다. 태일네 집은 높은 언덕 위에 자리잡고 있어서 부산 시가지가 한눈에 보였습니다. 멀리 바다도 보였습니다.

"홍태야, 저것 봐라. 또 탱크 지나간다."

태일은 동네 아래 진흙길을 가리키며 홍태에게 말합니다. 전쟁 때여서 미군이 모는 커다란 탱크가 우그르르 바퀴 소리를 내며 굴러가는 광경을 흔히 볼 수 있었습니다. 태일이 형답게 자상하게 가르쳐 주면 홍태는 "땅크, 땅크" 하며 좋아합니다. 물론 어린 형제는 전쟁이 무엇인지 모릅니다. 태일과 홍태가 아는 전쟁은 탱크와 군대 트럭, 행군하는 군인들뿐입니다.

"홍태야, 저 바다 참 파랗지?"

이번엔 태일이 먼 바다를 가리키며 말합니다. 그러면 홍태는 고개를 쭉 내밀면서 대답합니다.

"응, 응, 형아."

형 말을 고분고분 따르는 홍태가 태일은 더없이 사랑스럽습니다.

나중에 다시 말하겠지만, 태일은 부산에서 화목하게 살던 이 시절을 죽을 때까지 잊지 못합니다. 태일의 일생에서 단 한 번 어머니 아버지와 단란하게 살던 시절이기 때문이지요.

그러나 그 행복은 그리 오래 가지 못했습니다.

태일이 여섯 살 때 일입니다. 그 때는 옷감이 귀하던 시절이라, 아버지는 미군 부대에서 나온 군복 천을 사서 양복을 만들었습니다. 그러려면 먼저 천을 염색 공장에 맡겨 물을 들여야

전태일이 세 살 나던 때 찍은 가족 사진입니다. 앞줄 오른쪽이 전태일이고, 뒷줄 왼쪽부터 큰아버지, 아버지, 어머니, 동생 홍태입니다.

합니다.

그런데 그 해에는 장마가 유난히 길었습니다. 그래서 햇볕에 널어 말리지 못한 천들이 몽땅 썩어 버리고 말았습니다. 빚까지 얻어서 산 천들이 이렇게 되자, 아버지는 엄청난 손해를 입게 되었습니다. 염색 공장에다 천값을 물어 내라고 따져 보았지만, 그 공장도 망해 버려 한 푼도 받지 못했습니다.

아버지는 옷감을 사느라 빌린 돈을 갚으려고 집이며 재봉틀이며 집 안 살림을 몽땅 파는 수밖에 없었습니다. 아버지는 화가 치밀어 밤마다 술을 마시고 들어왔습니다. 예전의 밝았던 아버지 모습은 더 이상 찾아볼 수 없었습니다.

며칠 동안 술만 마시던 아버지가 어느 날, 어머니에게 말했습니다.

"우리 서울로 갑시다. 어차피 집도 일자리도 없어진 마당에 부산에 있어 봐야 뾰족한 수도 없잖소. 서울에는 일자리가 많다고 하니, 설마 우리 다섯 식구가 굶어 죽기야 하겠소."

어머니는 눈물을 글썽거리다가 아버지 말을 따르기로 했습니다.

며칠 뒤 태일네 식구는 부산을 떠나 서울로 가는 밤열차를 타게 되었습니다.

서울 생활

그 무렵에는 많은 사람들이 일자리를 찾아 서울로 꾸역꾸역 몰려들고 있었습니다. 농촌을 떠난 농민들, 일자리가 필요한 실업자들, 먼 친척집에 식모살이하러 온 처녀들, 성공을 꿈꾸는 청년들, 고아원에서 도망친 전쟁 고아들……. 온갖 사람들이 갖은 사연과 막연한 기대를 품고 서울에 발을 들여놓았습니다.

서울역에 도착한 태일네 다섯 식구도 이런 사람들과 같은 처지였습니다.

아버지는 짐보따리를 메고, 어머니는 갓난아기 순옥을 업었습니다. 태일은 동생 홍태의 손을 꼭 쥐고 있었습니다.

"태일아, 홍태 손 놓치지 말고 아버지 뒤를 잘 따라가야 한다."

어머니는 태일에게 당부합니다. 시끌벅적한 서울에서 아버지를 놓치면 태일과 홍태는 꼼짝없이 고아가 될 판이니까요.

식구들은 모두 아버지 뒤를 줄레줄레 따라갔지만, 사실은 아버지도 딱히 갈 곳이 있는 건 아니었습니다. 아버지는 쉬지 않고 걸으며 어머니에게 말했습니다.

"어디든 비만 피할 수 있는 곳이라면 자리를 잡아야 해. 당장 일자리를 알아보는 게 급하니까."

어머니는 고개를 끄덕였습니다.

버스를 탈 돈도 없었으므로, 비를 막을 만한 데가 나타날 때까지 걷고 또 걸었습니다. 그러다가 '염천교'라는 다리까지 왔습니다.

"오늘은 여기서 자기로 하자."

아버지가 가리킨 곳은 남의 집 처마 밑이었습니다. 딱히 갈 곳도 없으니 어디서 자든 길바닥에서 자기는 마찬가지였습니다. 어린 태일이 보기에도 그 곳은 도무지 잠을 잘 만한 데가 못 되었지만, 태일은 아무 말도 하지 않았습니다. 갑작스레 닥친 불행이 어린 태일을 나이보다 더 일찍 철들게 한 것입니다.

아버지는 맨바닥에서 올라오는 냉기라도 피해 보려고 거적때기 몇 장을 구해 왔습니다. 어머니는 거적때기 위에 쌔근쌔근 잠자는 순옥을 눕혔습니다.

아무리 여름이라지만 사방이 뻥 뚫린 길바닥에 앉아 있자니

스산한 생각이 절로 들었습니다. 어린 홍태가 그걸 못 참고 갑자기 으앙 울음을 터뜨렸습니다.

"엄마, 다시 부산 우리 집으로 가자."

태일도 울고 싶었지만 동생과 함께 울어 버릴 수는 없었습니다. 어머니는 아버지의 착잡한 심정을 헤아려 얼른 홍태를 달래기 시작했습니다.

"홍태야, 오늘만 여기서 지내고 내일은 다른 데서 잘 거야. 얼른 뚝 그쳐!"

그러나 홍태는 더 크게 울어 댔습니다. 아버지는 그런 홍태를 물끄러미 바라보다가 일어섰습니다.

"이러고 있을 때가 아니야. 지금 당장이라도 일자리를 알아봐야겠어."

어머니는 아버지를 올려다보며 말했습니다.

"저녁이 다 되었는데, 내일부터 알아보지 그러세요."

그러나 아버지는 잠시라도 가만히 앉아 있을 수 없어 식구들을 두고 다시 거리로 나갔습니다.

하루만 머물고 떠나기로 했던 곳에서 태일네 식구는 한 달이 넘게 지내고 있었습니다.

아버지는 아침 일찍 나가서 밤늦게 돌아옵니다. 어떤 때에는 아예 돌아오지 않기도 합니다. 아무리 돌아다녀도 일자리를 얻을 수 없었기 때문입니다.

길거리에서 먹고 자다 보니 아이들 꼴이 말이 아니었습니다. 제대로 씻지 못해 온몸에 땟물이 줄줄 흐르고, 옷은 낡을 대로 낡아 누더기가 되었습니다. 그러나 옷보다 하루하루 끼니 때우는 일이 더 큰 걱정이었습니다.

어머니는 배를 쫄쫄 곯고 있는 자식들을 마냥 내버려 둘 수 없어 이것저것 막일거리를 찾아보았습니다. 그러나 애까지 업고 있는 여자한테 일거리를 주는 사람은 아무도 없었습니다. 어쩌다 운 좋게 일거리를 얻으면 아이들에게 시래기죽이라도 끓여 먹일 수 있었지만, 그것도 그 날뿐이었습니다.

어머니는 하는 수 없이 어린 순옥을 업고 가까운 동네에 밥을 얻으러 나가기 시작했습니다. 밥을 달라는 말이 차마 나오지 않았지만, 굶주리는 어린 자식들을 생각하면 어쩔 수 없었습니다.

"밥 좀 주세요, 네? 아이들이 굶어요."

어머니는 부끄러움을 무릅쓰고 남의 집 문을 두드렸습니다. 대문을 걸어잠그고 아예 내다보지 않는 사람도 있고, 밥을 주기는커녕 매몰차게 욕을 퍼붓는 사람도 있었습니다.

"팔다리가 멀쩡한 여자가 무슨 할 짓이 없어 구걸을 하러 다녀!"

그럴 땐 어머니도 눈물이 핑 돌았습니다. 반나절만 어머니 처지가 되어 봐도 그런 소리는 차마 할 수 없을 겁니다. 어머니도 일거리만 있다면 뼈가 부서지는 한이 있어도 구걸 따위는 하지 않을 테지만, 팔다리가 멀쩡한데도 일거리를 얻을 수 없으니 밥을 얻으러 다니는 것이지요.

그러나 세상에는 꼭 모진 사람들만 있는 건 아니어서, 때로는 갓 지은 밥을 내오며 어머니를 따뜻하게 위로해 주는 사람도 있었습니다. 어머니가 밥을 얻어 오면, 태일과 홍태는 허겁지겁 퍼먹습니다. 그러다가 미안한 생각이 들면 어린 태일은 어머니를 돌아보며 제법 걱정까지 해 줍니다.

"엄마도 어서 들어요."

그러면서 홍태에게 눈치를 주기도 합니다.

"너희나 어서 먹어. 엄마는 아까 많이 먹었어."

어머니는 이 때만큼은 구걸 다니는 설움도 잊고 태일을 대견스럽게 바라봅니다.

태일네 식구는 아버지가 하루빨리 일자리를 얻게 되기만 바랐습니다. 그러나 아버지는 좀처럼 일자리를 구하지 못했습니다. 아버지는 답답하고 초조했습니다. 하루 종일 발바닥이 닳도록 서울 시내를 헤매고 돌아다니건만 희망이라고는 가느다란 거미줄만큼도 보이지 않으니 말입니다.

그렇게 석 달이 지나갔습니다. 여름도 가고 선선한 바람이 불기 시작했습니다. 아버지는 석 달 동안 닥치는 대로 막노동을 해서 번 돈으로 천막을 하나 구해 왔습니다. 그래서 태일네 식구는 남대문 가까이에 있는 천막촌으로 옮겨 갈 수 있었습니다. '천막촌'이란 오갈 데 없는 사람들이 천막을 치고 모여 사는 곳입니다.

천막이라야 위에서 떨어지는 빗물이나 겨우 막을 수 있을 뿐, 바닥은 그냥 맨땅이어서 밑에서 올라오는 냉기는 막을 수 없었습니다. 그래도 남의 집 처마 밑에서 비를 맞으며 자는 것보다는 훨씬 나았습니다. 그리고 비록 천막집이지만 서울에 올라와 처음으로 갖게 된 '내 집'이었으니, 어머니는 그 집이라도 마련한 것이 그저 고맙고 기쁘기만 했습니다.

천막집을 마련했어도 아버지는 여전히 집에 들어오는 날이 드물었습니다. 식구들을 먹여 살리려면 어떻게 해서든 일자리를 얻어야 했기 때문입니다.

어머니는 더 이상 구걸을 다니지 않았습니다. 대신 아버지가 준 몇 푼 안 되는 돈으로 팥죽 장사를 했습니다. 팥죽을 끓일 연료 살 돈이 없어, 시장 바닥을 돌아다니며 종잇조각이나 나무 토막을 주워 모아 땔감으로 썼습니다. 태일이 어머니를 도우려 나섰지만, 어머니는 그것만은 반대했습니다. 혹시 임자가 있는 물건을 함부로 주워 올까 봐 염려되었던 것이지요.

"길바닥에 떨어져 있다고 해서 다 임자가 없는 물건은 아니야. 엄마는 임자가 있는 물건인지 아닌지 알 수 있지만, 넌 아직 어려서 구분하기 힘들 거야. 엄마를 돕겠다는 마음은 고맙지만, 이건 엄마가 할 일이야."

어머니는 그렇게 타일렀습니다.

그런데 어느 날 어머니가 팥죽을 팔고 집에 돌아와 보니, 천막 앞에 나무 토막이 수북이 쌓여 있었습니다. 태일은 어머니에게 변명이라도 하듯 이렇게 말했습니다.

"임자가 있는 물건인지 아닌지 잘 살펴보고 주워 왔어요."

어머니가 장사를 다녀야 하니 어린 순옥을 돌보는 것은 늘 태일이 몫이었습니다. 겨우 일곱 살밖에 안 된 태일이 어린 여동생을 등에 업고 길거리에서 나무 토막 줍는 모습을 떠올리자 어머니는 눈물이 핑 돌았습니다. 하지만 어머니는 엄하게 타일렀습니다.

"이제 그런 짓은 하지 마라. 엄마가 고생하는 건 얼마든지 참을 수 있지만, 너희가 고생하는 건 차마 못 참겠어. 그러니까 앞으로 절대 그러지 마, 알겠지?"

어머니는 어떻게 해서든 자식들만큼은 가난에서 벗어나게 해야 한다고 모질게 다짐하고 악착스럽게 돈을 모았습니다. 그렇게 2년쯤 지나 목돈을 마련하자, 아버지는 천막집에 낡은 재봉틀을 한 대 들여놓고 옷을 만들어 팔기 시작했습니다. 워낙 솜씨가 좋았기 때문에 아버지가 만든 옷은 아주 잘 팔렸습니다.

머무를 집이 생기고 일거리가 생기자, 아버지는 술까지 끊고 부지런히 일만 했습니다.

이렇게 해서 태일네는 다시 옛날과 같은 행복을 찾게 되었습니다.

태일이 여덟 살이 될 무렵, 부모님은 태일을 학교에 보내 주었습니다. 태일이 입학한 학교는 남대문 초등공민학교였습니다.

초등공민학교는 학교에 제대로 다니지 못한 사람들을 위해 만든 학교입니다. 옛날에는 일본 식민지 아래에서 어렵게 사느라 어른이 되어서도 한글을 제대로 읽고 쓰지 못하는 사람들이 아주 많았습니다. 그래서 초등공민학교에서는 이런 사람들에게 아주 짧은 기간에 한글이나 덧셈, 뺄셈처럼 꼭 필요한 지식을 가르쳐 주었습니다. 초등학교(그 때에는 '국민학교'라고 했습니다)에서는 6년 동안 배우지만, 초등공민학교에서는 3년만 배웁니다. 그래서 못 배운 어른들뿐 아니라 가난한 집 아이들도 초등공민학교에 많이 입학했답니다.

그러나 이런 초등공민학교일지라도 학교에 처음 가는 태일에게는 신나는 일이 아닐 수 없었습니다. '가갸거겨' 하며 한글을 배워 책을 읽는 것도 재미있고, '더하고 빼고' 하는 산수도 재미있었습니다. 그러나 무엇보다 재미있는 것은 학교에 가서 여러 친구들을 만나는 일입니다.

어머니가 장사를 마치고 돌아오면, 태일은 그 날 학교에서 배운 것을 어머니한테 신나게 들려줍니다. 그러면 어머니는 피곤한 것도 잊은 채 흐뭇한 얼굴로 태일의 말에 열심히 귀를 기울여 줍니다.

"제가 한글을 가르쳐 드릴 테니까, 어머니도 어서 배워요."

태일은 뽐내며 말합니다.

"그래그래, 선생님, 어서 가르쳐 주세요."

어머니는 어린 선생님에게 쩔쩔매는 척하며 넌지시 국어책을 들여다봅니다. 학교에 다니고 싶어서 남의 책상 밑에 몰래 숨어 공부하던 어린 시절이 떠올라 슬그머니 눈물이 나오기도 합니다.

어린 선생님은 '에헴' 기침까지 하며 열심히 국어책을 짚어 나갑니다. 이건 '어머니'라는 글자고, 저건 '아버지'라는 글자고……. 이 때만큼은 어머니도 모든 시름을 까맣게 잊었습니다.

아버지의 솜씨가 사람들에게 알려지자, 옷 만드는 장사는 더욱 번창하였습니다. 아버지는 백화점 2층에 가게를 따로 장만하고 재봉틀도 몇 대 더 들여놓았습니다. 게다가 아버지 혼자만으로는 일손이 부족해 일꾼도 들였습니다.

그 동안 태일의 집에는 여러 가지 경사가 겹쳤습니다. 태일의 막내 여동생 순덕이 태어났고, 태일네도 허름한 천막집을 떠나 용산 이태원 근처에 있는 판잣집으로 이사했습니다.

'판잣집'이란 말 그대로 나무 판자로 지은 집입니다. 비가 오면 천장에서 빗물이 뚝뚝 떨어졌지만, 천막집보다는 훨씬 고급스러웠습니다.

태일은 초등공민학교에 다니다가 열두 살이 되던 해에 초등학교로 옮겨 공부하게 되었습니다. 집안 형편이 조금씩 나아지는데다가 태일이 공부를 열심히 했기 때문에 부모님도 태일을 계속 공부시켜야겠다고 마음먹었던 것입니다.

초등공민학교에서 초등학교로 옮겨 가려면 시험을 쳐서 합격해야만 했습니다. 태일이 다니던 초등공민학교에서도 여러 명이 이 시험을 쳤는데, 태일이만 합격했습니다. 그래서 태일은 남대문 초등학교로 옮겨 계속 공부하게 되었습니다.

어머니와 아버지가 부지런히 일한 끝에 부산에서 살던 때와 같은 행복이 다시 찾아오고 있었습니다.

어린 가장

 어렵게 다시 일어섰지만, 험한 세상은 태일네 집안의 행복을 그냥 내버려 두지 않았습니다.
 태일이 열두 살 되던 해인 1960년, 우리 사회는 매우 혼란스러웠습니다.
 대통령 이승만은 대통령 자리를 더 오래 차지하려고 온갖 나쁜 술책을 썼습니다. 대통령을 두 번 이상 할 수 없다는 헌법을 뜯어고쳐 세 번씩이나 대통령 자리를 차지하려 들었습니다. 대통령 선거 때에는 돈으로 유권자들을 꼬이기도 하고, 깡패들을 시켜 상대편 후보의 연설장을 때려부수기도 하고, 심지어는 가짜 투표 용지를 만들어 투표함에 무더기로 집어 넣기까지 했습니다.

대통령이 이런 나쁜 짓을 하니, 그 밑에서 일하는 정치인들도 마찬가지였습니다. 그들은 높은 자리에 있는 동안 한 푼이라도 더 벌려고 온갖 나쁜 짓을 저질렀습니다. 지도층이 이러니 사회는 갈수록 어지럽고 어수선해졌습니다. 주먹심만 믿고 활개치는 깡패들과 남을 속여 등쳐먹으려는 사기꾼들이 사회 곳곳에 넘쳐났습니다.

이래서는 나라 꼴이 도저히 안 되겠다 싶어 대학생들이 앞장서 나섰습니다. 대학생들은 거리로 쏟아져 나와 "이승만은 물러가라!" 구호를 외치며 시위를 했습니다.

그러나 이승만 정부는 콧방귀도 뀌지 않고 오히려 경찰을 시켜 시민들에게 마구 최루탄을 쏘는가 하면, 깡패들을 시켜 시위하는 학생들을 몽둥이로 두들겨패게 하기도 했습니다.

그러던 중 마산 앞바다에서 김주열이라는 학생의 시체가 떠올랐습니다. 그 시체의 한쪽 눈에는 커다란 최루탄이 박혀 있었습니다. 이 소식을 들은 국민들은 이승만 정부에 분노하지 않을 수 없었습니다.

마침내 이승만을 몰아 내려는 시위가 온 나라에서 벌어졌습니다. 그런데도 이승만 정부는 반성은커녕 시민들에게 마구 총을 쏘아 댔습니다. 그 총알은 어른이건 어린아이건 가리지 않았습니다. 그 때 서울 시내 초등학교에 다니던 어린이들도 하굣길에 경찰이 쏜 총알에 맞아 많이 죽었습니다.

국민들은 더 이상 참을 수가 없었습니다. 고등학생, 중학생, 심지어는 초등학생들까지 "이승만 물러가라!" 구호를 외치며 거리로 나왔습니다. 마침내 이승만은 더 버티지 못하고 대통령 자리에서 쫓겨났습니다.

이것이 1960년에 일어난 그 유명한 '4·19 혁명'입니다.

바로 이 무렵에 태일의 아버지는 사기꾼을 만나 그 동안 모아 온 재산을 몽땅 잃고 맙니다.

어느 날, 말끔하게 생긴 남자가 가게로 찾아왔습니다. 그 남자는 어떤 고등학교에서 체육복을 단체로 사기로 했으니, 만들어 달라고 주문했습니다. 꽤 큰 돈벌이가 되는 일거리인지라 아버지는 선뜻 주문을 받아들였습니다.

몇천 벌이나 되는 체육복을 만들려면 옷감값만 해도 엄청나게 많이 듭니다. 아버지는 여기저기에서 빚을 얻어 옷감을 샀습니다. 그리고 꼬박 밤을 새워 체육복을 만들었습니다. 며칠 동안 부지런히 일한 덕에 아버지는 약속한 날짜에 체육복을 갖다 줄 수 있었습니다.

며칠 뒤 태일의 아버지는 체육복값을 받으려고 학교에 갔습니다. 그런데 그 학교에서는 뜻밖의 말을 했습니다.

"체육복값은 벌써 드렸잖아요."

아버지는 깜짝 놀랐습니다.

"아니, 저는 한 푼도 못 받았는데요…….."
"우리는 분명히 드렸어요. 전에 주문 받아 간 사람 있잖아요? 그 사람이 와서 다 받아 갔어요."

그 말을 듣고 아버지는 그만 바닥에 털썩 주저앉고 말았습니다. 그제야 사기를 당했다는 사실을 깨달았습니다. 체육복을 주문한 남자가 아버지보다 먼저 학교에 와서 돈을 몽땅 챙겨 달아나 버렸던 것입니다.

사회가 어지러운 틈을 이용해 사기꾼들이 활개치던 시절이었습니다. 부지런히 일해서 돈을 벌기보다 남을 속여 돈을 버는 편이 훨씬 쉽다는 삐뚤어진 사회 풍조가 사기꾼을 만들어 낸 것이지요. 열심히 땀 흘려 쌓은 태일네 집안의 행복도 이런 사기꾼들 때문에 유리 그릇처럼 깨어지고 말았습니다.

체육복값을 받는 건 둘째 치고, 이제 체육복을 만드느라 얻어 쓴 빚을 갚는 일이 더 큰 걱정이었습니다. 빚쟁이들은 날마다 가게로, 집으로 찾아와 빚 독촉을 했습니다. 하는 수 없이 아버지는 그 동안 모은 재산을 몽땅 팔아 빚을 갚았습니다. 가게며 재봉틀이며 집이며 살림살이며 할 것 없이 모조리 팔아야 했습니다.

겨우 장만한 판잣집까지 빚쟁이에게 넘어가자, 태일네 식구는 이태원 산동네에 있는 단칸 셋방으로 이사했습니다. 그나마도 태일네 처지를 딱하게 여긴 아버지 친구들이 돈을 모아 얻어 준 방이었습니다.

집안 꼴은 말이 아니었습니다. 어머니는 집안이 망한 충격에 그만 정신이 나가 버렸습니다. 하루 종일 멍하니 허공만 바라보다가 미친 사람처럼 뭐라고 중얼거리곤 했습니다.

"우리 집, 우리 집……. 태일아, 너 왜 집에 안 가고 여기 와 있니?"

태일은 어머니가 이렇게 헛소리를 중얼거릴 때마다 가슴이 미어질 것만 같았습니다.

아버지는 살아갈 힘을 모두 잃어버린 사람처럼 자식들이 굶거나 말거나 술만 마시며 일할 생각을 하지 않았습니다. 술을 마시고 오면, 정신도 제대로 못 가누는 어머니에게 욕을 퍼붓고 주먹질까지 했습니다.

이런 형편에서 병든 어머니와 세 동생을 먹여 살릴 사람은 태일밖에 없었습니다. 태일은 겨우 열두 살의 여린 어깨로 집안의 가장 노릇을 해야 했습니다.

그 때부터 태일은 신문을 팔기 시작했습니다.

학교 수업이 끝나면 곧장 신문 배급소로 뛰어갑니다. 그리고 신문을 받아 거리를 쏘다니며 팔았습니다.

"신문이오! 방금 나온 석간입니다!"

이렇게 밤늦게까지 외치고 다녀도 신문은 다 팔릴까 말까 합니다. 수업을 마치고 난 뒤 신문을 팔다 보니, 다른 신문팔이 소년들보다 늘 한 발 늦을 수밖에 없었습니다.

이렇게 힘겹게 신문을 팔아도 그 돈으로는 식구들 끼니조차 해결하기 어려웠습니다. 태일은 이를 악물고 뛰었습니다. 어머니 약도 사고, 동생들 먹일 국수도 사야 하기 때문입니다. 그러다 보니 학교에 점점 자주 빠지게 되고, 또 학교에 내야 하는 공납금도 제때에 낼 수 없었습니다. 결국 태일은 4학년 무렵 학교를 그만두어야 했습니다.

태일이 아무리 발버둥을 쳐도 어린 나이로 집안의 생계를 책임지기에는 한계가 있었습니다. 마침내 태일네 식구는 다시 거리로 나앉게 되었습니다. 방세를 제대로 내지 못했기 때문입니다.

태일네 식구는 용두동 개천가에 있는 판자촌으로 옮겨 갔습니다. 남의 집 지붕과 지붕 사이에 비닐을 치고, 바닥에는 나무판자를 깔았습니다. 집이라기보다는 겨우 빗물을 피해 잠이나 잘 수 있는 공간이었습니다.

아버지는 여전히 술만 마시며 가족을 돌보지 않았고, 어머니는 건강을 조금 회복했지만 예전처럼 장사를 할 형편은 못 됐습니다. 그러나 굶주리는 자식들을 보고 가만히 앉아 있을 수만은 없었습니다. 어머니는 태일이 신문을 팔아 번 돈으로 빈 병을 사서 깨끗이 닦은 다음 시장에 내다 팔았습니다. 시장에는 기름이나 간장을 담을 빈 병이 필요한 장사꾼들이 있었기 때문입니다.

어머니가 이렇게 번 돈으로 보리쌀과 소금을 사서 태일네

식구들은 겨우 끼니를 이어나갔습니다. 밥을 먹을 때보다 굶을 때가 더 많았고, 그나마 밥을 먹어도 맨밥에 소금을 찍어 먹어야 했습니다. 그러니 태일 남매는 점점 몸이 허약해질 수밖에 없었습니다.

어머니는 또다시 쓰러지고 말았습니다. 오랜 고생과 집안이 망한 충격 때문에 몸이 약해질 대로 약해졌기 때문입니다. 어머니는 찜통 같은 천막 속에 꼼짝도 못 하고 누워 있었습니다. 가슴앓이 병마저 생겨 늘 속이 쓰리고 저렸습니다. 그러나 약 한 첩 지을 돈이 없었습니다. 그래서 어머니는 주워 온 기왓장을 불에 달구어 배 위에 올려놓고 쓰린 속을 달래야 했습니다.

"내가 어서 일어나야 할 텐데……. 어서 일어나서 저 불쌍한 것들을 먹여 살려야 할 텐데……."

어머니는 눈물을 흘렸습니다. 그러나 어머니는 산송장과 다름없이 몸조차 제대로 가누지 못했습니다.

태일은 벌이가 신통치 않은 신문팔이를 그만두고 솔 장사를 시작했습니다. 부엌에서 쓰는 솔, 조리, 빗자루, 석쇠, 삼발이 따위를 파는 장사입니다. 위탁 판매소(공장에서 만든 물건을 대신 팔아 주는 곳)에서 물건을 받아다 판 뒤, 물건값만큼만 위탁 판매소에 돌려주고 남는 돈을 갖는 장사이니 밑천 없이 할 수 있었습니다.

그 때는 홍태마저 학교를 그만둔 상태여서 함께 장사를 하기로 했습니다. 태일 형제는 아침 일찍 위탁 판매소에서 물건을 받아다 온종일 시장을 쏘다니며 팔았습니다.

"솔 사세요! 조리, 빗자루, 석쇠요! 쓰레받기나 삼발이도 있어요!"

그 때 태일은 열두 살, 홍태는 열 살이었습니다. 물건이 담긴 상자를 지는 일조차 힘겨운 나이였지만, 태일 형제가 할 수 있는 일이라곤 그것밖에 없었습니다.

그러나 이 일도 오래 하지 못했습니다. 하루 종일 돌아다녀도 물건을 팔지 못한 날도 많았습니다. 그래서 장사가 안 된 날에는 위탁 판매소에 돌려주어야 할 물건값으로 국수 가락을 사 들고 왔습니다. 그러다 보니 위탁 판매소에 갚아야 할 빚이 눈덩이처럼 불어나게 되었습니다.

물건값을 한꺼번에 갚아야 할 월말이 가까워 오자 태일은 불안해지기 시작했습니다. 물건값을 못 갚으면 위탁 판매소 주인이 집으로 찾아올 게 뻔합니다. 그러면 병들어 누워 있는 어머니를 들볶을 것입니다.

좋아하는 고깃국 한번 실컷 먹어 보지 못한 어머니, 화로 속처럼 뜨거운 천막 안에 누워 불쌍한 두 형제를 생각하며 눈물을 흘리고 있는 어머니, 가슴앓이 병 때문에 한여름 찜통더위에도 뜨거운 기왓장을 배 위에 올려놓고 신음하는 어머니……. 그 어머니가 위탁 판매소 주인의 등쌀에 시달리게 될 것을 생각하니,

태일은 눈앞이 캄캄해졌습니다. 더구나 아버지가 이 사실을 알면 더욱 술을 마시고 어머니를 괴롭힐 게 뻔합니다.

월말이 가까워 올수록 태일은 초조했습니다. 아무리 생각해도 뾰족한 방법이 떠오르지 않았습니다. 어린 태일의 가슴은 걱정으로 가득 차 아무 일도 할 수 없었습니다. 오직 위탁 판매소 주인이 어머니를 닦달하는 광경만 또렷하게 떠올랐습니다.

'어쩌면 좋지? 어떻게 하지……?'

월말이 바로 다음날로 다가오자 태일의 가슴은 그만 터져 버릴 것 같았습니다. 그것은 어린 태일이 짊어지기에는 너무 버거운 짐이었습니다.

태일은 무작정 걷기 시작했습니다. 끝없이 이어진 철길을 따라, 어디로 가야겠다는 목표도 없이 걷고 또 걸었습니다. 할 수 있다면 집에서 멀리멀리 벗어나야 한다는 공포심만이 어린 태일의 가슴을 짓누르고 있었습니다.

집을 떠나서

태일은 철길을 따라 하염없이 걷고 있습니다. 주머니에는 땡전 한 푼 없습니다. 밥을 든든히 먹어 둔 것도 아니고, 잠자리를 마련해 놓은 것도 아닙니다.

'이 철길을 따라 쭉 내려가면 부산에 갈 수 있을까?'

태일은 덜컹대는 밤열차를 타고 부산을 떠나왔던 기억을 떠올렸습니다. 어쩌면 태일은 그 기억 때문에 철길을 따라 걷고 있는지도 모릅니다. 어머니의 밝은 얼굴과 아버지의 너털웃음이 있던 부산 시절, 철길을 따라 그 시절로 돌아가고 싶었습니다.

병든 어머니의 모습이 떠오릅니다. 초라한 홍태의 얼굴, 코흘리개 순옥의 얼굴, 아장아장 걷는 순덕의 모습도 떠오릅니다. 아버지의 풀 죽은 얼굴도 떠오릅니다.

땅에는 어느덧 어둠이 깔렸습니다. 하늘에는 별들이 조금씩 빛나기 시작합니다. 철길을 따라 걷는 길이라 밤길이어도 방향을 잃지 않을 수 있었습니다. 이렇게 걷고 걸어서 새벽이 될 무렵 태일은 수원까지 왔습니다.

 꼬박 하룻동안 아무것도 먹지 못한 태일은 지칠 대로 지쳐 있었습니다. 게다가 밑창이 떨어진 신발을 끌고 오느라 다리까지 퉁퉁 부었습니다.

 태일은 더 이상 걷기가 힘들어 수원역에 있는 아무 열차에나 올라탔습니다. 돈이 없었기 때문에 차표를 사지 않고 몰래 탔습니다.

 승무원들의 눈을 피하려고 태일은 열차 승강구 난간에 앉았습니다. 여름이어도 새벽 공기는 차갑습니다. 태일의 얼굴에 차가운 새벽 바람이 사정없이 몰아쳤습니다. 태일은 열차가 어디까지 가는지도 모릅니다. 그저 '부산까지 가겠지' 하는 막연한 생각뿐입니다.

 그러나 열차는 대구역에서 멈춰 더 이상 가지 않았습니다. 태일은 문득 대구에 있는 큰집이 생각났습니다. 언젠가 제사를 지내러 부모님과 함께 내려온 기억이 떠올랐습니다.

 태일은 역 울타리를 넘어 몰래 빠져나온 뒤 큰집 쪽으로 발길을 옮겼습니다.

 "아니, 이게 누구냐? 태일이 아니냐?"

태일을 보자 큰어머니가 깜짝 놀라며 달려나왔습니다. 태일은 아무 대꾸도 없이 꾸벅 인사를 했습니다.
"그래, 방학은 했니? 홍태랑 같이 내려오지 그랬어?"
큰어머니는 그저 태일이 방학이 되어 놀러 온 거라고 짐작한 모양입니다.
큰어머니가 차려 주는 밥을 허겁지겁 먹고 나자 피곤이 한꺼번에 몰려왔습니다. 태일은 앉은 자리에서 그만 잠이 들어 버렸습니다. 태일의 귓가에 큰어머니의 한숨 소리가 어렴풋이 들려옵니다.
"집안이 망하더니 애 꼴이 말이 아니군. 큰일이야, 정말……."
저녁에 돌아온 큰아버지도 태일을 앞혀 놓고 이것저것 물어보며 한숨만 푹푹 내쉬었습니다. 태일은 빚을 갚으려 집을 판 얘기, 지금은 용두동 개천가에서 살고 있다는 얘기, 어머니가 병들어 있다는 얘기 따위를 조심스럽게 털어놓았습니다. 그러나 솔 장사를 하다가 빚을 지고 혼자 집을 나왔다는 얘기만은 하지 않았습니다.
며칠 동안 묵은 뒤, 태일은 큰아버지에게 이제 서울로 가야겠다고 말했습니다. 큰아버지도 고개를 끄덕였습니다.
"그래, 집안도 어려운데 장남인 네가 오랫동안 집을 비워서야 되겠니? 마음 같아서는 도와주고 싶다만, 지금 그럴 형편이 못 되는구나. 이건 얼마 안 되는 돈이지만, 네 차비로 쓰고 동생들 맛있는 거나 사 주어라."

다음날 태일은 큰아버지가 준 돈으로 차표를 사서 서울 가는 열차를 탔습니다.

막상 서울에 돌아오기는 했지만 집에 들어가기가 두려웠습니다. 위탁 판매소 주인의 성난 얼굴도 떠올랐고, 아버지의 무서운 얼굴도 떠올랐습니다. 그래서 태일은 결심했습니다.

'그래, 돈을 벌자! 돈을 벌어서 집에 돌아가면 모든 일이 다 해결될 거야. 위탁 판매소에 진 빚을 갚으면 아버지도 나를 크게 꾸짖지는 않으시겠지.'

태일은 다시 신문 파는 일을 시작했습니다. 낮에는 신문을 팔고, 잠은 공원이나 역 대합실 같은 곳에서 잤습니다.

그 때는 밤중에 밖에 돌아다니지 못하게 하는 '야간 통행 금지' 제도가 있었습니다. 밖에서 잠을 잤다가는 순경한테 붙잡혀 파출소에 끌려가게 됩니다. 태일도 몇 번이나 순경한테 붙잡혀 혼이 났습니다.

이런 일을 몇 차례 겪자, 태일은 가지고 있는 돈을 털어 구두닦이통을 샀습니다. 순경들도 구두닦이 소년들만큼은 그들의 처지를 생각하여 조금 봐주기도 하기 때문입니다.

"구두 닦아요! 신발 닦아요!"

태일은 시장이나 역 앞을 돌아다니며 구두를 닦았습니다. 막상 해 보니 신문팔이보다 한결 벌이가 좋았습니다.

그러나 그 일도 쉽지만은 않았습니다.

어느 날 태일이 손님의 구두를 닦고 있는데, 태일보다 두어 살은 더 많아 보이는 소년들이 태일을 노려보고 있었습니다. 태일은 가슴이 뜨끔했지만 태연하게 구두를 다 닦고 일어섰습니다.

그러자 소년들이 다가와 시비를 걸었습니다.

"야 인마, 너 누구 허락받고 여기서 구두를 닦아?"

"구두 닦는 데 손님 허락을 받지 누구 허락을 받아?"

그러자 소년 하나가 태일의 배를 발로 세게 걷어찼습니다. 태일은 배를 싸 쥐고 땅바닥에 뒹굴었습니다.

"인마, 여기서 구두를 닦으려면 우리한테 신고하고 세금을 내야지!"

태일은 간신히 고개를 들고 말했습니다.

"다 같이 어려운 처지에 서로 돕지는 못할망정 무슨 세금을 내라는 거야?"

나이가 조금 더 많아 보이는 소년이 말했습니다.

"이 새끼 봐라! 입만 살아서 나불대네. 야, 저놈 일으켜 세워!"

두 소년이 태일의 양 팔을 잡고 일으켜 세웠습니다. 그러자 나이 든 소년이 태일의 배에 연거푸 주먹을 날렸습니다. 태일은 신음 소리를 내며 주저앉았습니다.

나이 든 소년이 말했습니다.

"저 자식 주머니 뒤져서 오늘 번 돈 다 뺏어!"

소년들이 달려들어 태일의 주머니를 뒤졌습니다. 주머니 속에는 태일이 힘들게 벌어 모은 돈이 들어 있었습니다.

태일은 그 돈을 빼앗기지 않으려고 발버둥을 쳤습니다.

"안 돼! 이건 우리 어머니 약값에 쓸 돈이야! 돌려줘!"

태일의 주머니에서 뜻밖에 많은 돈이 나오자, 소년들은 소리를 지르며 좋아했습니다.

"너 오늘 재수 좋은 줄 알아! 다시 한 번 여기서 구두를 닦다 걸리면 박살을 내 줄 테다. 알았어?"

불량배 소년들은 태일이 애써 모은 돈을 다 빼앗아 가 버렸습니다.

태일이 거리를 떠돈 지 어느덧 일 년이 넘었습니다. 그러나 모은 돈은 한 푼도 없었습니다. 밥을 사 먹고, 구두약과 구둣솔을 사고, 또 불량배들을 만나 돈을 뜯기느라 하나도 모으지 못했습니다.

낮에는 불량배 걱정, 밤에는 순경 걱정, 비가 오면 구두를 못 닦아 걱정, 겨울에는 잠자리 걱정……. 이렇게 걱정과 불안 속에 일 년 동안 거리에서 뒹굴었지만, 끼니조차 제대로 챙길 수 없었습니다. 태일은 지칠 대로 지쳐 버렸습니다.

그러나 집에 돌아갈 수는 없었습니다.

어쩌면 병든 어머니는 이미 돌아가셨을지 모릅니다. 밤낮 술만 마시는 아버지는 알코올 중독자가 되고, 어린 동생들은 거지가 되어 떠돌아다니고 있을지 모릅니다.

태일은 더 이상 갈 곳이 없었습니다.

태일은 또다시 열차를 탔습니다. 기억 속에 남아 있는 행복했던 추억, 태일은 그 추억을 찾아가고 싶었습니다. 태일이 돌아가고 싶은 유일한 곳, 태일은 가지고 있는 돈을 모두 털어 부산으로 가는 열차표를 샀습니다.

썩은 무 한 토막

　한여름의 뜨거운 태양이 머리 위에서 이글거립니다. 땅은 바짝 말라 금방 불이라도 붙어 버릴 것 같습니다.
　따가운 땡볕 아래 깡마른 열네 살 소년이 걸어가고 있습니다. 부산역에 내린 태일입니다. 태일은 어릴 때 살던 영도 쪽으로 무거운 다리를 질질 끌듯이 옮겨 놓고 있었습니다.
　벌써 사흘째 아무것도 먹지 못했습니다. 배고픔 때문에 태일의 눈에는 하늘이 노랗게 보였습니다. 빛 바랜 검정색 겨울 학생복이 뜨거운 태양열을 빨아들여 태일의 허약한 몸뚱이가 금방 익어 버릴 것만 같습니다. 그 옷도 언젠가 쓰레기통에서 주워 입은 것입니다. 오랫동안 깎지 못해 덥수룩한 머리카락도 태양열을 사정없이 빨아들입니다.

영도……. 그 바닷가에 가 봐야 누가 태일을 위해 보리밥 한 그릇 마련해 놓고 기다리는 것도 아닙니다. 태일의 발을 이끄는 것은 그저 가야 한다는 생각뿐입니다. 마치 보금자리를 찾아가는 철새와 같은 본능뿐입니다. 동생 홍태와 놀던 추억이 깃든 바닷가, 아버지의 인자한 웃음과 어머니의 따뜻한 숨결이 있는 옛 고향……. 그 정겨운 추억뿐입니다.

오랫동안 목욕을 하지 못해, 온몸에는 성한 곳을 찾아볼 수 없을 만큼 땀띠와 두드러기가 돋아 있습니다. 바람이 통하지 않는 두꺼운 겨울옷 안에 땀이 줄줄 흐르자, 두드러기가 돋은 등이 견딜 수 없이 가렵습니다.

태일은 발작을 하듯이 몸을 비틀어 댑니다. 그리고 전봇대에 등을 기대고 마구 문질러 댑니다. 어찌나 심하게 비벼 댔는지 등에 돋아 있는 땀띠와 두드러기가 터져 진물과 함께 피가 흐릅니다. 그러나 가려운 것보다는 차라리 피가 나는 편이 훨씬 견디기 쉬울 것 같습니다. 두드러기가 터진 자리에 땀방울이 스며들자 온몸이 따끔따끔 쑤셔 옵니다.

태일은 가려움과 따가움을 참아 가며 영도 쪽으로 무작정 걸어갑니다.

마침내 멀리 영도 다리가 보였습니다.

'아, 영도 다리…….'

그토록 애타게 그리던 영도가 태일의 눈 앞에 나타났습니다.

영도를 보자 마치 식구들을 만난 것처럼 반가웠습니다. 당장 뛰어가서 그 품에 안기고 싶었습니다.

 그런데 이상한 일이었습니다. 태일은 옛 집이 아닌 전혀 엉뚱한 곳으로 발길을 옮기고 있었습니다. 이내 태일은 자신을 이끈 것이 무엇인지 알아차렸습니다. 그것은 바로 작은 손수레 위에서 굽고 있는 국화빵 냄새였습니다. 그 구수한 빵 냄새가 굶주린 태일을 이끈 것입니다.

 태일은 손수레 위에 수북이 쌓인 국화빵을 보았습니다. 마치 쇳조각이 자석에 이끌려 가듯, 태일은 자기도 모르게 손수레 쪽으로 걸어갔습니다. 그리고 손수레 앞에 우뚝 섰습니다. 이제 아무런 죄의식도 없이, 오직 굶주린 배를 채우려는 동물 같은 본능으로 태일은 수북이 쌓인 국화빵을 마음껏 집어 먹을 것입니다.

 막 손을 뻗어 국화빵을 집으려는 순간, 태일은 그만 손수레 주인과 그만 눈길이 딱 마주치고 말았습니다. 단발머리 여학생, 그것도 교복을 단정하게 입은 여학생이었습니다.

 태일은 내밀려던 손을 슬그머니 거두고 맙니다. 만일 빵 주인이 험상궂게 생긴 아저씨였다면, 깐깐해 보이는 아주머니였다면, 태일은 서슴없이 국화빵을 집어 먹었을지도 모릅니다. 그러나 같은 또래 여학생의 초롱초롱한 눈망울을 보는 순간, 굶주림 때문에 잊었던 수치심이 별안간 되살아났습니다.

태일은 달아나듯 손수레를 벗어나 마구 달렸습니다. 빵 도둑놈, 거지…… 하는 소리가 태일의 뒤를 쫓아오는 것 같은 착각 속에 태일은 단숨에 바닷가까지 내달렸습니다.

바닷가에 다다르자 부끄러움은 어느덧 사라지고 주책없는 배고픔만 태일을 괴롭힙니다. 태일은 정신 없이 모래밭을 헤맸습니다.

'어딘가 새끼 조개나 굴이라도 있을지 몰라.'

그러나 그 넓은 모래사장 어디에도 먹을 것이라고는 눈에 띄지 않습니다. 태일은 바닷가에 주저앉아 멍하니 수평선 끝을 바라보았습니다.

그 때였습니다. 바다 위에 둥둥 떠다니고 있는 무 토막 같은 것이 보였습니다.

'저걸 건져 먹어야겠다.'

태일은 생각할 겨를도 없이 물 속으로 풍덩 뛰어들었습니다. 그런데 바닷물은 생각보다 깊었습니다. 아무것도 먹지 못한 태일은 헤엄칠 기력조차 없었습니다. 밀려오는 파도가 태일을 덮치고, 죽음의 공포가 온몸을 마비시켰습니다. 태일은 물 속에서 버둥거렸습니다.

'안 돼, 살아야 해. 살아야…… 아, 어머니…….'

태일은 파도 속에서 허우적대다가 그만 정신을 잃고 말았습니다.

한참 뒤, 태일은 시끄러운 소리를 듣고 정신을 차렸습니다.
'내가 왜 여기 누워 있지? 무 토막은 어디 갔지?'
태일의 손에 무엇인가 만져졌습니다.
'아, 무 토막은 여기 있구나.'
그 와중에도 무 토막만큼은 죽어라 쥐고 있었던 것입니다.
태일이 눈을 들어 보니, 구경꾼들이 웅성웅성 모여 있었습니다. 때마침 그 곳을 지나가던 늙수그레한 어부 아저씨가 물에 빠진 태일을 구해 준 것이었습니다.
구경꾼에 둘러싸여 있다 보니 태일은 갑자기 서러운 생각이 복받쳐 올라 훌쩍훌쩍 흐느껴 울었습니다. 그런 태일의 모습을 바라보던 어부 아저씨는 남의 일 같지 않다는 듯 한숨만 푹푹 내쉬다가, 말없이 돈을 몇 푼 꺼내 태일에게 주고는 가 버렸습니다. 구경꾼들도 호기심어린 눈길을 거두고 태일을 동정하며 자리를 떠났습니다.
다시 혼자 남게 된 태일의 곁에는 낡은 겨울 학생복, 밑창이 떨어진 운동화 한 짝, 동전 몇 푼, 그리고 썩은 무 한 토막만이 놓여 있었습니다.

물에 빠져 죽을 고비를 넘긴 뒤 태일은 결심했습니다.
'그래, 다시 서울로 가자. 죽더라도 서울에 가서 죽자!'
어부 아저씨가 준 돈으로 주린 배를 채운 뒤, 태일은 부산역으로 갔습니다. 그러나 열차표를 살 돈이 없으니 또 몰래 타는 수밖에 없었습니다.

다음날 새벽, 태일은 역의 철조망을 넘어 열차에 올라탔습니다. 막 열차 객실로 들어섰을 때, 맞은편 통로에서 승무원 두 사람이 차표를 검사하며 다가오고 있었습니다. 태일은 재빨리 좌석 밑으로 기어들어가 숨었습니다. 승무원들이 가까이 다가오자, 태일은 가슴이 마구 뛰었습니다. 이제 꼼짝없이 붙잡힐 판입니다.

그 때였습니다. 좌석에 앉아 있던 할머니가 슬그머니 치마를 내려 태일을 가려 주었습니다. 그 덕에 승무원들은 태일이 의자 밑에 숨어 있는 것을 눈치채지 못하고 그냥 지나갔습니다. 포근하게 감싸 주는 할머니의 치맛자락을 보자, 태일은 어머니가 부쩍 더 그리워 훌쩍훌쩍 눈물을 흘렸습니다.

열차가 출발하자 피로가 한꺼번에 몰려왔습니다. 태일은 쓰레기 냄새가 푹푹 풍기는 열차 바닥에 엎드린 채 깊은 잠에 빠져들었습니다.

한참 뒤, 소란스러운 소리에 눈을 떠 보니 열차는 이미 종착역에 도착해 있었습니다. 그러나 그 곳은 서울도 대구도 아닌 영천이라는 곳이었습니다. 영천은 대구에서 팔십 리쯤 떨어진 곳입니다.

시골 역 주변은 오가는 사람도 별로 없고 한산했습니다. 태일은 역 대합실 의자에 앉아 다음 열차를 기다렸습니다. 벌써 몇 끼를 굶었는지 모릅니다. 이렇게 오래 굶으면 배가 고프다는 생각마저 사라져 버립니다. 그저 눈앞이 어지럽고 기운이 없을 뿐입니다. 태일은 앉아 있을 기운조차 없어 의자 위에 몸을 눕혔습니다. 그러자 다시 졸음이 쏟아집니다.

얼마쯤 졸다 보니 어린아이의 울음소리가 들렸습니다. 고개를 드니 맞은편 긴 의자에서 젊은 아낙네가 아이를 달래고 있었습니다. 아이는 더위에 짜증이 났는지 발버둥을 치며 울어 댑니다. 아무리 달래도 아이가 울음을 그치지 않자, 젊은 아낙네는 아이를 업고 대합실 밖으로 나갔습니다.

그 때 태일은 눈이 번쩍 뜨였습니다. 아이가 몇 입 베어 먹은 사과가 의자 위에 놓여 있었습니다. 사과는 이미 누렇게 색이 바랬지만, 태일의 머릿속에는 오직 먹을 것이 놓여 있다는 생각밖에 없었습니다. 사과를 단숨에 움켜쥐자 태일은 어지럼증에 그만 바닥에 쓰러지고 말았습니다. 그러나 몸을 일으킬 생각도 않고 사과부터 미친 듯이 씹어 먹었습니다. 사과 한 알을 몽땅 씹어 먹고 나자 어렴풋이 정신이 들기 시작했습니다.

막 몸을 일으키려는 순간, 태일은 그만 숨이 딱 멈추는 것 같았습니다. 눈 앞에 돌돌 만 백 원짜리 종이돈뭉치가 떨어져 있었기 때문입니다. 한 장도 아닌 꽤 두툼한 돈뭉치였습니다. 태일의 머릿속에는 아무 생각도 떠오르지 않았습니다. 태일은 돈뭉치를 움켜쥐고 그대로 음식점을 찾아 뛰었습니다. 그리고 오랫동안 굶주린 배를 채웠습니다.

 음식을 사 먹고도 돈이 꽤 남았습니다. 태일은 남은 돈으로 대구행 열차표를 샀습니다. 이제 철조망을 넘을 필요도, 승무원의 눈을 피할 필요도, 열차 좌석 밑에 기어들어가 쓰레기 냄새를 맡을 필요도 없었습니다. 태일은 좌석에 느긋하게 앉아 창밖 경치를 바라보았습니다.

 이렇게 마음에 여유가 생기자, 태일은 그제야 돈 임자에 대해 생각합니다. 어쩌면 대합실에서 본 젊은 아낙네의 돈일지도 모릅니다. 마음씨 곱게 생긴 그 아낙네가 돈을 잃어버린 것을 깨닫고 안절부절못하는 모습도 떠오릅니다. 어쩌면 열차표를 사려던 돈일지도 모릅니다.

 그 젊은 아낙네가 열차를 못 타서 먼 시골길을 터벅터벅 걸어 되돌아갈지도 모른다고 생각하니, 태일은 마음이 괴로웠습니다. 여태껏 남의 돈을 거저 가져 본 적은 한 번도 없었지만, 배가 너무 고픈 나머지 돈 임자 생각을 까맣게 잊고 있었던 것입니다.

 태일은 젊은 아낙네에 대한 생각을 지워 버리려고 애씁니다. 태일은 그런 자신이 못 견디게 밉습니다. 양심에 거리낌없이 살려고 하지만, 어려운 처지가 자꾸 태일에게 죄를 짓게 만들었습니다.

열차는 한 시간쯤 달려 대구에 도착했습니다. 태일은 서울로 가려던 마음을 바꾸었습니다. 대구에서 조금 떨어진 시골에 외할머니 댁이 있었기 때문입니다.

'그래, 외갓집에 가면 어머니 소식을 들을 수 있을지 몰라.'

살았는지 죽었는지도 모르는 식구들을 찾아 무작정 서울로 가느니, 외갓집에 가서 어머니 소식을 알아봐야겠다는 생각이 들었던 것입니다. 그리고 비록 찢어지게 가난한 농촌 살림이지만 외할머니라면 태일을 반갑게 맞아 며칠이고 묵게 해 줄 것입니다.

그러나 거지꼴을 하고 갈 수는 없었습니다. 태일이 넝마나 다름없는 옷과 해지다 못해 너덜너덜한 신발을 신고 나타난 꼴을 보면, 외할머니는 가슴이 미어질 것입니다. 태일은 남은 돈으로 옷을 사 입고 신발을 사 신었습니다. 깔끔하게 차려입자 비로소 외갓집에 갈 자신이 생겼습니다.

태일은 외갓집이 있는 동네로 가는 버스에 올라탔습니다.

외할머니는 태일을 보자마자 울음을 터뜨렸습니다.

"아니, 태일아! 네가 웬일이냐. 아이고, 이 몹쓸 자식아……."

외할머니는 태일을 껴안고 닭똥 같은 눈물을 뚝뚝 흘렸습니다. 태일도 외할머니 품에 안겨 엉엉 울었습니다. 여태껏 참고 참았던 설움이 한꺼번에 터진 것입니다. 태일과 외할머니는 한참 동안 말도 잇지 못하고 그저 울고 또 울었습니다.
 마음이 좀 가라앉자, 외할머니는 울먹이면서 태일에게 물었습니다.
 "그래, 그 동안 어디 가서 뭘 하고 살았니?"
 설움에 복받친 태일은 껄떡껄떡 울음을 삼키며 지금까지 지내 온 일들을 남김없이 털어놓았습니다. 외할머니는 태일이 고생한 얘기 한 마디 한 마디마다 눈물을 쏟았습니다.
 "에이그, 어린 네가 무슨 죄가 있다고……. 집에서 한창 학교 다닐 나이에 팔도강산을 떠돌며 그런 고생을 하다니……. 불쌍한 내 새끼……."
 얼마 뒤 외할머니는 눈물을 닦으며 말했습니다.
 "내일 당장 엄마한테 가자. 엄마는 지금 대구에 산다."
 태일은 깜짝 놀랐습니다.
 "네? 어머니가 대구에 계시다구요?"
 태일은 외할머니 입에서 어머니가 돌아가셨다는 말이 나올까 봐 얼마나 마음을 졸였는지 모릅니다. 그런데…… 그렇게 보고 싶던 어머니가 가까운 대구에 살고 있다는 것입니다. 태일은 당장에라도 달려가고 싶을 만큼 기뻤습니다.
 그 날 밤, 태일은 뜬눈으로 밤을 꼬박 새웠습니다. 일 년이 넘도록 못 본 어머니와 동생들을 만날 생각을 하니 마음이 들떠 잠이 오지 않았습니다. 그러나 어머니의 야윈 얼굴과 함께 떠오르는 얼굴이 있었습니다. 아버지의 엄한 얼굴. 태일의 마음에는 먹구름이 깔립니다.

그러나 태일은 결심합니다.

'아버지한테 맞아 죽더라도 가야 한다. 그리운 어머니와 동생들을 만나야 한다.'

다음날, 대구에 간 태일은 이루 말할 수 없이 기뻤습니다. 크게 꾸지람을 할 줄 알았던 아버지는 태일의 머리를 쓰다듬으며 목이 메어 아무 말도 못 하고 눈물만 뚝뚝 흘렸습니다. 큰집, 작은집 식구들까지 와서 태일이 돌아온 것을 기뻐해 주었습니다.

그러나 누구보다 기뻐한 사람은 어머니였습니다.

"아이고, 태일아! 내 새끼야……!"

어머니는 이렇게 울부짖으며 맨발로 뛰어나와 눈이 통통 붓도록 울고 또 울었습니다. 태일을 껴안고 울고, 밥상을 차리며 울고, 잠자리를 깔아 주며 또 울었습니다. 어찌나 우는지 나중에는 걱정까지 될 지경이었습니다.

태일은 동생들과 밤이 새도록 이야기를 나누었습니다. 지난 일 년 동안 고생한 일들이 아득한 꿈만 같았습니다.

청옥 고등공민학교

아버지는 대구에 내려와 다시 옷 만드는 일을 하고 있었습니다. 서울에서 장사할 때만큼 많이 벌지는 못했지만, 그럭저럭 살림을 꾸려 나갈 수는 있었습니다.

집 나간 아들 걱정에 나날이 여위어 가던 어머니도 태일이 돌아오자 다시 기운을 차렸습니다. 건강이 많이 좋아져서 간단한 일거리도 맡아 했습니다.

태일도 힘 닿는 대로 아버지 일을 도왔습니다. 집을 나갔다 돌아온 아들을 용서해 준 아버지가 고맙기도 했지만, 지난 일 년 동안 어머니에게 걱정 끼친 일이 미안해 무엇이든 집안일을 돕고 싶었던 것입니다. 옷 만드는 일을 돕다 보니 태일도 어느새 재봉틀 일에 능숙해졌습니다.

그러던 어느 날, 큰집에 다녀온 어머니가 태일에게 반가운 얘기를 해 주었습니다.

"너도 이제 학교에 가서 다시 공부를 해야 하지 않겠니?"

그 말에 태일은 귀가 번쩍 뜨였습니다. 학교……. 듣기만 해도 가슴이 설레는 말입니다. 집안이 망해 학교를 그만둔 뒤부터 얼마나 학교에 가고 싶었는지 모릅니다. 책가방을 들고 걸어가는 학생들은 또 얼마나 부러웠던지…….

"네, 어머니! 저도 학교에 가고 싶어요!"

어머니는 그럴 줄 알았다는 듯이 빙그레 웃었습니다. 어머니는 청옥 고등공민학교에 대해 얘기해 주었습니다.

초등공민학교가 짧은 기간에 초등학교 과정을 배우는 학교라면, 고등공민학교는 짧은 기간에 중학교 과정을 배우는 학교입니다. 형편이 어려워 중학교에 가지 못한 학생들이 고등공민학교에 다니는 것이지요.

어머니가 얘기한 청옥 고등공민학교는 어느 초등학교 교실 몇 칸을 빌려 쓰는 보잘것없는 야간 학교였습니다. 한 학년에 한 학급씩 세 학급밖에 없고, 선생님은 사범 대학에 다니는 대학생들이었습니다. 그러나 그런 건 아무 상관도 없었습니다. 남들처럼 배울 수만 있다면, 태일은 어떤 학교라도 좋았습니다. 배움에 굶주려 있던 태일은 학교에 보내 주겠다는 어머니 말에 뛸 듯이 기뻐했습니다.

그 해 5월, 태일은 청옥 고등공민학교에 입학했습니다. 두 달쯤 늦게 입학한 탓에 처음에는 진도를 따라가기가 무척 힘들었습니다. 특히 처음 배우는 영어와 수학은 더 힘들었습니다. 그러나 태일은 다른 학생들이 놀 때도 열심히 영어 단어를 외우고 수학 공식을 외웠습니다. 그러다 보니 두 달이나 뒤처진 진도도 금세 따라잡을 수 있었습니다.

낮에는 아버지 일을 도와야 했기 때문에, 태일은 작업장 벽에 영어 단어를 써 붙여 놓고 외우며 일했습니다. 그러다가 뜨거운 다리미에 손을 덴 적도 많았습니다.

이렇게 일하다 저녁에는 학교로 갑니다. 태일은 학교에 가면 살맛이 절로 났습니다. 50분 수업 시간이 왜 그리 짧은지 한탄스러울 정도였습니다.

학교에서 친구들을 만나는 일도 즐거웠습니다. 태일은 친구들 사이에 인기가 좋았습니다. 늘 다정하게 친구들을 대하고 모든 일을 앞장서서 처리하니, 친구들도 태일을 좋아할 수밖에 없었지요. 세상 경험이 많은 태일이 서울 이야기며 부산 이야기를 재미있게 들려줄 때는 남녀 학생들이 모두 모여 귀를 기울이곤 했습니다.

어느 날, 학급 반장이 학교를 그만두게 되자 태일이 반장으로 뽑혔습니다. 태일이 반장이 되었다는 소식을 듣고 어머니도 기뻐해 주었습니다.

반장이 된 뒤부터 태일은 더 바빠졌습니다. 아버지 일 도우랴, 공부하랴, 학급 일까지 맡아 하랴, 이러다 보니 태일은 아침에 코피를 쏟기도 했습니다. 그래도 태일은 하루하루가 늘 즐겁고 행복하기만 했습니다.

1학기가 지나가고, 2학기가 되었습니다. 태일네 학교에서 큰 행사가 열렸습니다. 대구에 있는 여러 고등공민학교들끼리 체육 대회를 하게 된 것입니다.

태일은 마라톤 종목에서 청옥 고등공민학교 대표 선수로 뽑혔습니다. 아버지는 태일이 입을 운동복을 손수 만들어 주었습니다. 체육 대회 날에는 어머니가 나와 응원까지 해 주었습니다.

"태일아, 힘내! 열심히 달려라!"

출발을 알리는 총 소리와 함께 태일은 힘껏 달렸습니다. 그러나 태일은 오래 달리지 않아 지쳐 버렸습니다.

처음에는 앞서 달리던 태일이 점점 뒤처지기 시작했습니다. 운동장을 다섯 바퀴쯤 돌자, 태일은 제일 앞서 달리는 선수와 무려 한 바퀴나 차이가 나게 되었습니다. 그러다 보니 일등과 꼴찌가 나란히 달리는 꼴이 되었습니다. 이렇게 나란히 달리다가 골인 지점에서 태일이 앞지르자, 심판은 태일이 일등을 한 줄 알고 태일의 손을 번쩍 들어올렸습니다. 그러자 관중석에서 '와' 하는 웃음이 터졌습니다.

다른 선수들이 다 골인 한 뒤에도 태일은 한 바퀴나 더 돌아

야 했습니다. 그런데 한참 달리다 보니, 바로 앞에 배를 싸 쥐고 달리는 선수가 있었습니다. 태일이 꼴찌고, 그 선수가 꼴찌에서 두 번째였던 것입니다.

'저 친구라도 앞질러야겠다.'

이렇게 생각하고 달리는데, 응원 소리가 마구 울려 퍼졌습니다. 운동장에는 꼴찌 둘만 앞서거니 뒤서거니 하며 달리고 있었습니다. 꼴찌들끼리 경주하는 모습이 우스웠던지 사람들이 응원을 보내고 있었습니다. 태일은 부끄러워 어디론가 숨어 버리고 싶었지만 끝까지 달렸습니다. 그러자 구경하는 사람들도 태일에게 열심히 박수를 보내 주었습니다.

마라톤이 끝나고 점심 시간이 되었습니다. 태일은 식당에 가서 여러 선수들과 즐겁게 이야기를 나누며 밥을 먹었습니다. 태일은 이런 모든 일들이 행복하기만 했습니다.

태일은 그 동안 몹시 정에 굶주려 살아왔습니다. 한 끼 식사를 해결하려면 온갖 눈치를 봐야 하고, 남의 것을 빼앗으려고 눈을 번뜩이는 그런 곳에서 살아왔던 것입니다. 그래서 태일은 누구의 눈치도 볼 필요 없이 오직 따뜻한 정만을 나누는 학교 생활에 푹 빠져들었습니다.

태일은 학교 생활을 하다가도 문득 거리를 떠돌던 때를 생각합니다. 태일과 함께 구두를 닦던 소년, 태일을 때리고 돈을 빼앗던 불량배 소년, 불량배들에게 돈을 빼앗기고 울던 소년…….

이들은 모두 불쌍한 소년들입니다. 태일이 행복한 생활을 하고 있는 순간에도 그들은 돌멩이처럼 아무렇게나 뒹굴며 떠돌고 있을 것입니다.

이들을 떠올리면 태일은 혼자만 행복하게 살고 있는 것 같아 미안한 생각이 들었습니다. 태일은 거리에서 함께 뒹굴던 불쌍한 소년들을 결코 잊을 수 없었습니다.

'공부를 계속 하면 언젠가 그 애들을 도울 수 있는 날도 올 거야.'

태일은 그렇게 마음을 다졌습니다.

태일이 학교 생활을 한 지 일 년도 못 되어 겨울이 왔습니다. 겨울에는 사람들이 옷을 많이 입게 되니 옷 장사가 활기를 띱니다. 그러다 보니 아버지도 바빠졌습니다. 그 무렵 아버지는 남의 일거리를 받아다 해 주고 품삯을 받는 일 대신 직접 옷을 만들어 파는 일을 하고 있었습니다. 아버지가 옷을 만들면 어머니는 시장에 내다 팔았습니다.

어느 날, 아버지가 태일에게 말했습니다.

"태일아, 너 이제부터 학교 그만두고 옷 만드는 일만 돕도록 해라!"

하기 어려운 말일수록 무뚝뚝하게 하는 것이 아버지의 버릇입니다. 더구나 오랫동안 고민한 끝에 한 말이어서 그 말은 퉁

명스럽게까지 들렸습니다.

"예? 학교를 그만두라고요? 왜요?"

태일은 아버지의 말을 듣자 눈앞이 캄캄해졌습니다.

"먹고살기도 바쁜데 학교는 무슨 학교야?"

아버지는 더욱 무뚝뚝하게 말했습니다. 그렇게 말하는 아버지도 마음이 편할 리가 없습니다. 자식들이 자랄수록 생활비는 더 들고, 옷 만드는 일은 장래가 보이지 않습니다. 이번 겨울철 대목에 부지런히 일해 놓지 않으면 생활은 갈수록 쪼들릴 것입니다. 고등공민학교를 나와 봐야 먹고사는 데 아무 보탬도 안 되는데, 그런 학교에 매달리는 태일이 딱하게 여겨지기도 했습니다.

그러나 아버지는 태일에게 학교가 얼마나 소중한 곳인지 전혀 이해하지 못했습니다.

"아버지, 제가 낮에 더 열심히 일하면 되잖아요. 예전보다 두 배로 일할 자신이 있어요!"

태일은 어떻게든 아버지의 마음을 돌려 보려고 애썼습니다. 그러나 아버지는 딱 잘라 말했습니다.

"그만두라면 그만둬!"

태일도 더 할 말이 없었습니다. 여태껏 한 번도 아버지 말을 거스른 적이 없었지만, 이번만은 다릅니다. 학교 생활에 모든 희망을 걸고 있는 태일에게 학업을 중단하라는 말은 독약을 먹으라는 소리와 마찬가지이기 때문입니다.
 태일은 계속 학교에 다녔습니다. 일을 더 열심히 하면 아버지도 마음을 바꿀지 모른다고 생각했던 것입니다. 그래서 태일은 낮에는 죽어라 일만 했습니다.
 그러나 아버지는 태일의 행동이 놀랍기도 하고 야속하기도 했습니다. 아버지는 자기 마음을 몰라주는 태일이 섭섭했고, 태일도 자기 마음을 몰라주는 아버지가 섭섭했습니다. 그래서 아버지와 태일은 점점 마찰이 잦아졌습니다.
 그 무렵 아버지는 자주 술을 마셨습니다. 술을 마시고 들어와 태일을 꾸짖기도 하고 때리기도 했습니다. 곁에서 어머니가 말리려 하면, 아버지는 어머니에게도 화를 냈습니다.
 "이 여편네가 뭘 잘 했다고 참견이야? 먹고살기도 힘든 판에 공부는 무슨 얼어 죽을 공부야!"
 아버지는 날이 갈수록 술고래가 되어 갔고, 술버릇도 점점 나빠졌습니다. 하던 일도 때려치운 채 허구한 날 술만 마시고, 고주망태가 되어 집에 들어와 살림을 때려부쉈습니다. 그러자 가뜩이나 안 되던 장사가 더욱 힘들어졌습니다.
 태일은 마침내 결심을 했습니다.
 '나 때문에 집안 꼴이 말이 아니구나. 그렇다고 학교를 그만둘 수는 없어. 그래, 집을 나가자. 집을 나가서 고학을 하는 거야.'
 태일은 동생 홍태도 데리고 가기로 마음먹었습니다. 홍태도 학교를 그만두고 아버지 일을 거들고 있었습니다. 그래서 태일은 홍태도 공부를 시켜야 한다고 생각했습니다.

다음날 아침, 태일은 홍태와 함께 몰래 집을 빠져나왔습니다.

배움을 찾아서

　부유한 환경에서 사는 아이들이라면, 아침에 눈을 뜨면 학교에 가기 싫어 몸부터 뒤척일지 모릅니다.
　'아이고, 지겨운 놈의 학교…….'
　이렇게 생각하며 꾀병이라도 부려 수업을 빼먹을 방법은 없을까 궁리할지도 모릅니다. 군것질할 용돈을 적게 주었다고 토라져서 현관문을 꽝 닫고 학교에 갈지도 모릅니다. "백 점 받으면 컴퓨터를 사 달라" 부모님과 협상까지 벌일지 모릅니다.
　그러나 태일 형제는 이런 부유한 환경은 상상조차 못 합니다. 그저 학교에 가서 실컷 공부를 해 보는 것이 소원입니다. 야간 학교, 콩나물 교실, 출세할 가망이라고는 조금도 보이지 않는 공민학교일지라도 원 없이 다녀 보고 싶었습니다. 이런 작고 소박한 소원 하나를 이루고 싶어 태일 형제는 집을 나선 것입니다.

태일과 홍태는 학생복을 입고 교과서를 꾸려 넣은 책가방을 들었습니다. 추울 때 덮을 얇은 이불도 한 장 챙겼습니다.

'공연한 짓을 한 게 아닐까?'

태일은 서울을 향해 달리는 열차 안에서 자꾸 어머니 얼굴을 떠올렸습니다. 태일 형제가 집을 나간 것을 알면 아버지는 어머니를 닦달할 게 뻔합니다. 어머니는 태일 형제를 걱정하며 눈물로 세월을 보낼 것입니다. 어머니의 초췌한 얼굴을 생각하면, 태일은 굳은 결심이 자꾸 흔들렸습니다.

좀더 참아 볼 걸 그랬다는 생각도 듭니다. 꾹 참고 기다리다 보면, 언젠가는 아버지도 술을 끊고 마음을 바꿀지 모르는 일이었습니다. 학교에 다니고 싶다는 욕심 때문에 무작정 집을 떠난 것이 결코 잘 한 일만은 아니라는 생각도 들었습니다.

무슨 생각을 하는지 홍태는 불안한 얼굴로 두리번거립니다. 형이라고 믿고 따라온 동생을 바라보니, 태일은 더욱 처량한 생각이 들었습니다.

열차는 새벽 다섯 시에야 서울 용산역에 도착했습니다. 겨울의 새벽 바람은 차갑고 매서웠습니다. 태일 형제는 역 앞에 있는 식당으로 들어가 국수를 사 먹었습니다. 뜨거운 국수 국물이

뱃속에 들어가니 추위가 조금 가시는 듯했습니다.

태일은 가지고 있던 돈으로 먼저 작은 방을 하나 얻고, 남는 돈으로 장사를 할 계획이었습니다. 그러나 그 계획은 처음부터 벽에 부딪혔습니다. 아무리 돌아다녀 봐도 그 돈으로는 방을 얻기 힘들었습니다.

태일은 궁리 끝에 사과를 담는 나무 궤짝 열두 개를 샀습니다. 태일 형제는 그 궤짝을 뜯어 붙여 두 사람이 겨우 들어가 누울 만한 상자를 만들었습니다. 구멍이 숭숭 뚫린 상자였지만, 그런대로 바람막이는 해 줄 것 같았습니다.

태일은 홍태더러 그 상자를 지키고 있으라고 한 뒤 일거리를 찾아 나섰습니다. 태일은 땀이 나도록 바쁘게 돌아다녔지만, 온종일 다녀 봐도 마땅한 일거리가 없었습니다. 지쳐 돌아온 태일을 보고 홍태는 금방 울상을 지었습니다.

"형아, 나도 내일부터 따라갈래. 지나가는 사람들이 자꾸 쳐다보고 이 상자가 뭐냐고 물으면서 놀리잖아."

홍태는 이렇게 말하며 눈물을 글썽였습니다. 가뜩이나 무거운 마음으로 돌아온 태일은 동생의 초라한 모습을 보자 콧등이 시큰해졌습니다. 겨울 바람에 뺨이 빨갛게 언 동생의 모습은 더없이 처량해 보였습니다.

겨울 해는 일찍 저물었습니다. 태일 형제는 상자 속으로 기어 들어가 얇은 이불을 덮고 잠을 청했습니다. 태일과 홍태는 서로

꼭 부둥켜안았지만, 차가운 밤 바람은 뼛속까지 스며들었습니다. 그러나 너무 피곤한 나머지 두 아이는 금세 잠에 빠져들었습니다.

얼마 뒤 태일은 상자 밖에서 나는 인기척에 잠을 깼습니다. 상자 뚜껑을 열고 밖으로 나가 보니, 밤 순찰을 도는 방범대원이 서 있었습니다.

"너희들 왜 여기서 자니? 집이 없니?"

태일이 아무 대꾸도 않자 방범대원은 한 발짝 더 다가서며 물었습니다.

"너희들 시골에서 올라왔니?"

"네, 대구에서 왔어요."

그러자 방범대원은 모든 사정을 알겠다는 듯이 꼬치꼬치 캐물었습니다.

"이놈들, 집에서 도망쳤구나. 그렇지?"

태일은 재빨리 말했습니다.

"아니에요. 동생과 함께 고학을 하려고 왔어요. 여기 보세요. 교과서와 학생복도 다 있잖아요."

방범대원은 홍태를 찬찬히 살펴보더니 말했습니다.

"음, 그렇지만 길거리에서는 잘 수 없으니, 내일 당장 상자를 치우고 다른 데로 가거라. 자동차가 들이받기라도 하면 큰일나니까. 알겠니?"

방범대원은 상자를 치우라는 말을 몇 번이나 되풀이하고는 가 버렸습니다. 방범대원이 가자 불안한 얼굴로 떨고 있던 홍태가 말했습니다.

"형, 집에 가자. 엄마도 보고 싶고, 서울에선 못 살 것 같아."

태일은 홍태를 달랬습니다.

"야, 사내가 한번 일을 시작했으면 끝까지 밀어붙여야지. 집에 가면 뾰족한 수가 생기니? 지금 공부를 못 하면 다시는 기회가 없어. 나는 아버지가 무서워서라도 집에 못 가겠다."

말은 이렇게 했지만 태일 또한 불안한 마음을 누를 수가 없었습니다.

추운 겨울날, 잠자리도 없고 일거리도 찾을 수 없습니다. 가진 돈도 며칠 안 가서 떨어질 게 뻔합니다.

'어떻게 해야 하나…….'

태일은 한참 동안 잠을 못 이루고 뒤척이다가 새벽녘에야 깜박 잠이 들었습니다.

다음날 아침, 태일은 다시 일거리를 찾아 돌아다녀 보기로 했습니다. 방범대원이 상자를 치우라고 했지만, 그 무거운 것을 들고 다닐 수도 없는 노릇입니다. 태일은 가까운 가게에 상자를 맡아 달라고 부탁하고는 홍태와 함께 거리로 나섰습니다.

태일 형제는 남대문시장에 가서 싸구려 수제비를 한 그릇씩 사 먹었습니다. 집을 떠나 본 적이 없는 홍태는 서울 생활이 여간 고달프지 않은가 봅니다. 불안한 얼굴로 수제비 건더기를 건져 먹고 있는 홍태를 보자 태일은 가슴이 아팠습니다.

　마땅한 일자리가 없어서 태일은 구두닦이를 하기로 했습니다. 홍태한테는 신문을 팔게 했습니다. 낮에는 함께 돌아다니다가 석간 신문이 나오는 저녁에는 헤어져서, 태일은 구두를 닦고 홍태는 신문을 팔았습니다.

　태일이 학생복을 입고 있어서인지 태일에게 구두를 닦겠다는 손님은 거의 없었습니다. 게다가 가는 곳마다 '자기 구역'을 주장하는 구두닦이 소년들이 있어서 태일은 그 소년들 눈까지 피해 다녀야 했습니다. 저녁까지 돌아다녔지만 구두는 몇 켤레 닦지도 못하고 구두닦이 소년들에게 구둣솔 하나만 빼앗겨 버렸습니다.

　태일이 홍태와 만나기로 한 장소에 와 보니, 홍태는 저녁 내내 겨우 신문 두 장밖에 못 팔았다며 울상을 지었습니다. 추운 겨울이어서 거리에는 사람이 없고, 다방에라도 들어가 팔려고 하면 문 앞에 앉은 구두닦이 소년들이 못 들어가게 한다는 것입니다.

　태일은 하는 수 없이 홍태가 팔다 남은 신문을 직접 팔기로 했습니다. 홍태는 다방 문 앞에 서서 망을 보고, 태일은 재빨리 다방에 뛰어들어가 신문을 팔고 나왔습니다. 이렇게 해서 몇 장 팔기는 했지만 신문은 아직도 많이 남아 있었습니다.

"신문이오! 석간 신문 사세요!"

두 소년은 목이 터져라 외치고 다녔습니다. 그러나 밤이 깊어지자 행인들은 더욱 뜸해졌고, 함박눈까지 내리기 시작했습니다. 두 소년은 행인들을 찾아 서울역 앞으로 갔습니다. 서울역에는 밤차를 타려는 승객들이 오가고 있었습니다. 부모 손을 잡고 즐거운 듯 깡충거리며 가는 아이들도 있었습니다. 그런 모습을 보자 홍태는 집 생각이 부쩍 나는 모양입니다.

"형, 집에 가자. 엄마도 보고 싶고⋯⋯. 어젯밤에는 추워서 한잠도 못 자겠더라. 오늘 밤에는 거기서도 못 자게 하니, 이제 어떻게 해?"

거리에는 함박눈이 쌓이고, 신문은 안 팔리고, 동생은 자꾸 보채니 태일은 기운이 빠졌습니다. 태일도 집에 돌아가고 싶은 생각이 굴뚝같았습니다. 이미 밤이 늦어 더 돌아다녀 봐야 신문은 팔릴 것 같지도 않았습니다.

태일은 꽁꽁 언 동생 손을 꼭 쥐고 남대문시장에 있는 집단 하숙집으로 갔습니다. 집단 하숙집은 숙박비가 매우 싸기 때문에 잠자리가 없는 가난한 사람들이 모여드는 곳입니다. 이가 기어다니는 지저분한 방에 가난한 사람들이 우글우글 모여 새우잠을 잡니다.

하룻밤을 자고 나자, 홍태는 다시 보채기 시작합니다.

"형아, 집에 가자. 그런 데서는 다신 못 자겠어. 사람들한테

덕수궁 앞에서 한뎃잠을 자며 구두닦이와 신문팔이를 하던 때를 회상하며 찍은 사진입니다.

서 썩은 냄새가 나고, 이가 옮았는지 몸까지 근질거려. 집에 가자, 응?"

동생은 아예 애원을 합니다. 태일은 이제 대답할 기력조차 없습니다.

두 소년은 눈 덮인 거리를 하루 종일 떠돌기만 했습니다. 일거리는 찾을 수 없고, 배는 금세 고파 오고, 가진 돈은 다 떨어져 가고 있습니다.

그렇게 또 하루를 보내자 밤은 야속하게 빨리도 찾아왔습니다. '오늘 밤은 또 어디서 지내야 하나?' 태일이 무거운 발길로 터덜터덜 남대문 지하도를 지날 때, 홍태가 지하도 벽에 몸을 기대며 말했습니다.

"형, 다리가 아파서 못 가겠어. 조금만 쉬어 가자."

지하도 벽에 몸을 기대고 서 있는 동생의 홀쭉해진 얼굴을 보니 태일은 더는 견딜 수가 없었습니다.

"그래, 홍태야! 집에 가자."

태일이 막상 이렇게 말하자 홍태는 미안한 생각이 들었는지 묵묵히 형의 뒤만 따라갔습니다.

태일 형제는 다시 대구로 가는 밤차를 탔습니다. 공부를 계속하려던 태일의 결심은 이렇게 해서 겨우 사흘 만에 끝나고 말았습니다.

알코올 중독자

　세상의 어느 부모가 제 자식에게 공부시키기를 싫어하겠습니까? 다른 아이들이 학교 갈 시간에 재봉틀 앞에 앉아 있는 제 자식을 보며 가슴아파하지 않을 부모가 어디 있겠습니까? 그런데 백 날 뼈빠지게 일해도 전혀 나아지지 않는 집안 형편은, 이런 부모의 심정을 자꾸 엉뚱한 쪽으로 몰고 갑니다.
　태일의 아버지 또한 마찬가지입니다. 아버지는 늘 술에 절어 살았습니다. 술에 취해 집에 돌아오면 아내와 자식들에게 화를 내고 매질까지 했습니다.
　사실 아버지는 아내와 자식들이 아닌 바로 자신에게 화를 내고 있었습니다. 남들처럼 자식새끼 하나 번듯이 공부시키지 못하는 무능한 가장, 바로 그 무능함에 화를 내고 있었던 것입니다. 몸을 가누기 힘들 정도로 술을 마신 뒤 아버지는 스스로를 마구 학대합니다. 아내와 자식들에 대한 미안함과 무능한 자신에 대한 한탄이 마구 뒤엉켜 걷잡을 수 없는 심정이 되어 버리는 것입니다.

'아내와 아이들이 무능한 나를 얼마나 미워할까?'

그러다가도 곧 생각이 바뀝니다.

'나도 할 만큼은 했어! 그런데 나를 미워해? 이런 못된 것들……'

가족들 중에 아버지를 미워하는 사람은 아무도 없었지만, 아버지는 죄책감에 시달린 나머지 이렇게 앞질러 생각해 버립니다. 그리고 집에 들어오면 화를 내고 매질을 하고 살림을 때려 부숩니다.

집안을 한바탕 뒤집어 놓고 난 다음날 술이 깨면 아버지는 아내와 아이들이 더욱 가엾게 느껴집니다. 자신이 더욱 미워집니다. 그래서 또 술을 마십니다. 바로 이런 악순환이 끝없이 이어지고 있었습니다.

태일 형제가 집에 돌아오자 어머니는 눈물로 두 아들을 맞아 주었습니다.

"태일아, 홍태야…… 잘 왔다, 잘 왔어……. 잘했건 잘못했건 왔으니 됐다, 됐어……."

잠든 척 돌아누워 있는 아버지도 콧등이 시큰했습니다. 어린 자식들한테 그런 고생을 시킨 게 모두 자기 잘못인 것 같습니다. 그러나 아버지가 태일에게 학교를 그만두라고 한 것은 가족을 위해서였지, 혼자만 잘 먹고 잘 살려고 그랬던 것은 아닙니다.

아버지는 자식을 학교에조차 보내지 못하는 이 가난이 도대체 누구의 잘못 때문에 생긴 것인지 알 수가 없습니다. 돈을 떼어먹고 달아난 사기꾼 때문일까요? 아버지가 무능하기 때문일까요? 아니면 정말 팔자라는 것이 있기 때문일까요? 아버지는 아무것도 알 수가 없었습니다. 그래서 가슴은 더 답답하고 공연히 부아만 치밀어오릅니다.

아버지는 태일 형제가 돌아온 다음날도 술을 마시고 들어왔습니다. 아버지는 술기운을 빌려 두 아들을 꿇어앉혔습니다. 처음에는 차근차근 타이를 생각이었습니다.

"어쨌든 돌아왔으니 다행이다. 하지만 앞으로 또 그런 짓을 하면 그 땐 가만두지 않겠다. 그리고 너, 태일이는 그렇게 공부가 하고 싶다면 굳이 말리지는 않겠다. 너는 식구들이야 어찌 되건 너만 공부하면 그만인 놈이니까……."

침착하게 말을 꺼냈지만 아버지는 치받치는 감정을 억누르기 힘들었습니다. 갑자기 태일에 대한 야속한 생각이 치밀어올랐습니다. 믿었던 장남에 대한 배신감도 느껴졌습니다.

"다 큰 놈이 부모 말도 안 듣고……. 큰집, 작은집 부끄러워 더 이상 말도 못 하겠다. 당장 먹고살 것도 없는 판에……. 나도 이젠 네 꼴이 보기 싫으니 너는 이 집에서 나가 살아라."

아버지는 마음에도 없는 말을 했습니다.

홍태가 울며 빌었습니다.

"아버지 다시는 안 그럴게요. 용서해 주세요. 제가 형더러 나가자고 꼬셨어요. 모두 제 잘못이에요."

그러나 아버지의 감정은 이미 걷잡을 수 없는 상태가 되었습니다.

"때린다고 해서 들을 놈도 아니니까 이 방법밖에 없다. 나도, 애비 말도 안 듣는 너 같은 놈을 벌어먹이려고 애쓸 필요가 없어. 당장 짐 싸들고 나가! 안 나가면 걸어서 못 나가게 다리몽둥이를 분질러 놓을 테다. 어서 나가!"

"여보, 방금 돌아온 애를 이 추운 날 다시 어디로 내쫓겠다는 거예요? 태일아, 너도 잘못했으니까 어서 아버지께 용서해 달라고 빌어."

어머니가 태일을 두둔하자 아버지는 더욱 화가 났습니다.

"이 여편네는 왜 또 참견이야? 야, 인마! 사장 되고 국회의원 된 사람들이 어디 공부해서 출세한 줄 알아? 다 돈으로 하는 거야, 돈! 스무 살, 서른 살이 넘어도 돈만 있으면 공부는 얼마든지 할 수 있어! 꼴도 보기 싫으니까 내 눈 앞에서 썩 사라져! 못 나가겠어, 응?"

아버지는 빗자루며 책이며 손에 잡히는 대로 태일에게 던졌습니다. 그러고도 화가 안 풀리는지 억센 주먹으로 태일의 얼굴을 마구 때렸습니다. 태일은 벽에 부딪히며 나가떨어졌습니다.

"아이고! 아버지, 용서해 주세요."

태일은 아버지의 매를 피하려고 발버둥치며 빌었습니다. 태일이 빌면 빌수록 아버지는 더욱 속상한 생각이 들어 발길질을 했습니다.

"죽어! 죽어! 차라리 죽어 버려!"

태일의 입에서 피가 흘렀습니다. 얼마쯤 지나자 아버지는 제 풀에 지쳐 문을 박차고 나가 버렸습니다. 또 술을 마시러 가는 것입니다.

자꾸 술을 마시다 보니 아버지는 알코올 중독자가 되어 버렸습니다. 잠시라도 술을 마시지 않고는 못 견디게 된 것이지요. 그러는 동안 집안 살림은 더욱 쪼들리게 되었습니다. 방세를 내지 못해 태일네 식구는 더 작고 허름한 단칸방으로 이사해야 했습니다. 끼니를 거르는 날이 많아졌고, 불을 때지 못한 방은 언제나 얼음장처럼 차가웠습니다.

어머니는 먹을 것을 마련하려고 시장에 나갔습니다. 그러나 밑천이 없어 장사를 할 수도 없었습니다. 어머니는 헌 옷을 팔러 온 사람을 만나면 옷을 대신 팔아 주기로 하고 사례비로 몇

푼을 받았습니다. 또 옷 가게에서 옷을 얻어다 대신 팔아 주고 품삯을 받기도 했습니다. 이렇게 번 돈으로 어머니는 집에서 참새 새끼들처럼 기다리고 있는 자식들 입에 풀칠이나마 하게 했습니다.

그러나 어머니의 고생에도 아버지는 아랑곳하지 않았습니다. 밤마다 술을 마시고 들어와 살림을 때려부수기 일쑤였습니다.

"애새끼들 데리고 당장 나가! 안 나가면 집에 불을 싸질러 버릴 거야! 네가 안 벌어 오면 내가 당장 굶어 죽을 것 같아? 이년, 죽어라 죽어!"

가뜩이나 허약한 어머니 몸을 마구 짓밟았습니다.

아버지는 술값을 마련하려고 얼마 남지도 않은 살림살이를 고물장수한테 하나씩 팔아 버렸습니다. 태일과 홍태의 교과서마저도 추운 방을 덥히는 땔감이 되어 아궁이 속으로 들어가고 말았습니다.

아버지는 큰집, 작은집을 다니며 돈을 꾸기도 했습니다. 친척 집에 가서는 어머니가 장사를 잘못해서 돈을 모두 날려 버렸다고 거짓말을 했습니다. 또 어머니가 애들 버릇을 잘못 들여 이제 자식들마저 애비를 쳐다보지도 않는다는 말까지 했습니다. 그래서 집안 꼴은 엉망이 되어 가건만, 친척들은 어머니만 탓하며 찾아와 보지도 않았습니다.

그러던 어느 날, 어머니는 자식들을 모아 놓고 울면서 말했습니다.

"태일아, 홍태야……. 너희들만은 에미 심정을 알아줄 거다. 큰집, 작은집에서는 내 욕을 하며 나 때문에 너희를 못 도와준다고 한다. 그러니 나만 없어지면 큰아버지, 작은아버지도 너희를 도와주실 게다. 내가 서울에 식모살이 가서 돈을 벌면 그 때 다시 만나 살자. 이제…… 너희들 굶는 모습을 더 이상 눈 뜨고 못 보겠구나. 태일아, 너는 동생들이 아버지한테 매 맞지 않게 잘 돌보고……. 알았지?"

어머니는 이렇게 말하며 잊어버릴세라 자식들을 하나하나 자세히 들여다보고는 눈물을 흘렸습니다.

태일의 가슴은 천 갈래 만 갈래로 찢어지는 것만 같았습니다.

진눈깨비가 내리는 설날 아침, 어머니는 밥도 굶은 채 아버지 눈을 피해 집을 떠났습니다.

남들은 차례를 지낸다, 떡국을 먹는다, 때때옷을 입는다 하고 있을 설날 아침, 올망졸망한 네 남매는 땟물이 줄줄 흐르는 낡은 옷을 입고 아침마저 굶은 채 싸늘한 방에 앉아 있었습니다. 어머니를 떠나보낸 슬픔을 가슴에 안고, 전날 술을 퍼마시고 곯아떨어진 아버지의 드르렁드르렁 코 고는 소리를 들으며 말입니다.

아버지는 낮 두 시가 넘어서야 부스스 일어나 대뜸 어머니부터 찾았습니다.

"네 에미 어디 갔니? 당장 불러 와!"

아버지의 불호령에도 참새 새끼 같은 네 남매는 대꾸가 없습니다.

"이것들이 귀가 먹었나, 벙어리가 됐나? 애비 말 안 들려?"

그래도 슬픔에 잠긴 네 남매는 말이 없습니다.

한참 만에 태일이 겨우 입을 열었습니다.

"어머니는 떠나셨어요……. 서울에 가서 돈 벌어 오신다고……."

그러자 아버지가 벌떡 일어나 태일의 옆구리를 발로 걷어찼습니다.

"이 망할 자식들까지 에미 편이 되어 가지고……. 에미가 도망가는데도 애비 깨울 생각을 안 해?"

가뜩이나 서러운데 아버지가 매질까지 하니 태일은 더욱 서러웠습니다. 그러나 태일은 아버지의 매질을 하나도 피하지 않고 묵묵히 맞고만 있었습니다. 차라리 매를 맞으니 속이 시원하다는 생각까지 들었습니다. 자식들을 때리다가 지친 아버지는 집안 살림을 두들겨 부수고 나가 버렸습니다.

아버지가 나가고 나자 네 남매는 서로 부둥켜안고 엉엉 울음을 터뜨렸습니다. 네 남매에게는 너무나도 슬프고 서러운 설날이었습니다.

아버지는 그 날부터 그나마 남아 있던 살림살이를 모조리 고물장수에게 팔기 시작했습니다. 그렇게 보름쯤 지나자, 네 남매에게 남은 것이라고는 낡아빠진 이불 한 채밖에 없었습니다.

동생을 버리다

 그대로 지내다가는 온 식구가 언제 굶어 죽을지, 언제 얼어 죽을지 알 수 없는 노릇입니다. 어느 날, 태일은 동생들을 모아 놓고 말했습니다.
 "너희들, 내 말 잘 들어라. 이렇게 살다가는 모두 굶어 죽거나 얼어 죽는다. 우리가 믿을 사람은 어머니밖에 없어. 난 지금 어머니를 찾으러 서울에 갈 거야. 내가 돌아올 때까지 홍태 네가 동생들을 돌봐야 해, 알았지?"
 홍태는 말없이 고개를 끄덕였습니다. 그러자 막내 순덕이 으앙 울음을 터뜨렸습니다.
 "오빠, 나도 따라갈래. 엄마 보고 싶어."
 태일은 순덕을 달랬습니다.

"순덕아, 너 서울이 얼마나 험한지 모르지? 그리고 서울에 간다고 해서 금방 어머니를 만날 수 있는 것도 아니야."

그러나 순덕은 막무가내였습니다. 한창 엄마한테 응석을 부릴 나이였으니 그럴 만도 했습니다. 태일은 하는 수 없이 순덕을 데려가기로 했습니다. 홍태한테 동생들을 다 맡기기보다는 하나라도 자기가 책임져야겠다는 생각이 들었던 것입니다.

순덕을 데리고 서울에 오기는 했지만, 태일은 막막하기만 합니다. 매서운 겨울 바람이 오누이의 뺨을 마구 후려치고 갑니다. 서울 날씨는 대구 날씨보다 훨씬 더 춥습니다. 태일은 순덕을 등에 업고 음식점마다 고개를 들이밉니다.

"여기…… 얼마 전 대구에서 오신 아주머니 안 계신가요?"

그러나 어디를 가도 모른다는 대답뿐입니다.

태일은 살을 에는 듯한 추위 속에서 걷고 또 걷습니다. 어머니를 찾지 못하면 먹을 것도, 잠잘 곳도 없습니다. 다시 대구로 돌아가려 해도 차비가 없습니다. 어린 여동생은 추위와 피로를 이기지 못해 하루 종일 오빠 등에 업힌 채 잠만 잡니다. 그러다 잠깐 깨면 또 칭얼칭얼 보챕니다.

어머니는 찾지 못했지만, 밤은 어김없이 찾아왔습니다. 태일은 잠잘 곳을 찾아 헤매다 남대문시장으로 갔습니다. 땅콩 굽는 가게의 굴뚝에는 아직 따뜻한 기운이 남아 있었습니다. 태일은 굴뚝에 기대앉은 채 하룻밤을 보냈습니다. 오빠 품에 안겨 잠든 순덕은 추위에 얼굴이 빨갛게 부르터 보기에도 애처롭습니다.

새벽이 되자 오누이는 시장 경비원에게 쫓겨 다시 거리로 나왔습니다. 오늘도 태일은 순덕을 등에 업고 음식점을 찾아다녔습니다. 어제부터 아무것도 먹지 못한 순덕은 자꾸 칭얼댑니다.

"오빠, 나 배고파. 응? 오빠."

동생한테 뭐가 사 먹여야 했지만 돈이 한 푼도 없으니, 태일은 대꾸도 않고 그저 터벅터벅 발걸음만 옮깁니다. 걷다 보니 꽃 시장 가까이에 왔습니다. 꽃 시장 어귀에 있는 팥죽 가게 앞을 지날 때, 순덕이 팥죽 냄새를 맡고 태일의 등에서 몸까지 흔들어 대며 떼를 씁니다.

"오빠, 저 팥죽 좀 사 줘. 배고파 죽겠어, 응? 오빠."

"돈이 있어야 사 주지."

순덕에게 역정을 내며 엉덩이를 한 차례 때려 줍니다. 그러자 순덕은 등에 얼굴을 파묻고 훌쩍훌쩍 울었습니다.

"그럼 배가 고픈데 어떻게 해, 엉엉……."

태일은 가슴이 미어져 옵니다. 오누이가 이렇게 다투고 있는 모습을 보고 꽃 장수 아주머니가 딱하다는 듯 말을 건넸습니다.

"동생이 배고프다고 우는 걸 보니 너희들이 갈 데가 없는 모양이구나. 그래, 부모님은 안 계시니?"

꽃 장수 아주머니는 남의 일 같지 않다는 듯 혀까지 끌끌 차며 말합니다.

"쯧쯧, 어떤 년이 이렇게 어린 것들을 버리고 도망갔노그래."

어머니가 욕먹는 게 싫어 태일이 대꾸합니다.

"아니에요. 어머니는 도망간 게 아니라 돈 벌러 가셨어요. 저희는 어머니를 찾으러 서울에 왔는데, 어디 계신지 찾을 수가 없어서……."

"에이그, 그래, 너희 아버지는 뭘 하는데 어머니가 돈 벌러 나가도록 집안을 돌보지 않는단 말이냐?"

꽃 장수 아주머니는 이렇게 말하며 오누이에게 팥죽을 사 주었습니다. 모락모락 김이 나는 팥죽을 보자 순덕은 금세 울음을 그치고 허겁지겁 퍼먹습니다. 태일은 갑자기 서러운 생각이 들어 팥죽이 목으로 넘어가지를 않습니다.

그 모습을 보고 다른 아주머니들도 조금씩 돈을 거둬 태일 손에 쥐어 주었습니다. 태일은 고맙다는 인사를 하고 싶었지만, 서러움에 목이 메어 제대로 말도 못 한 채 시장을 나섰습니다.

뱃속에 따뜻한 것이 들어가자 피곤이 밀려오는지 순덕은 오빠 등에 찰싹 달라붙어 내려오려 하지를 않습니다. 태일은 이제 어머니를 찾아야 한다는 생각보다도 동생을 굶기지 말아야 한다는 생각이 앞섭니다.

그래서 태일은 꽃 장수 아주머니들이 모아 준 돈으로 신문을 사서 팔기로 했습니다.

"신문이오! 석간 신문이 나왔습니다!"

동생을 업고 다니며 신문을 팔려니 더욱 힘들었습니다. 신문 팔랴, 식당마다 다니며 어머니 수소문하랴, 동생 돌보랴, 태일은 정신이 없었습니다.

밤에는 시장 안 땅콩 가게 굴뚝 옆에서 자고 새벽이 되면 쫓겨납니다. 그리고 신문 판 돈으로 10원짜리 수제비 한 그릇을 사서 순덕과 나눠 먹고 또다시 거리를 헤맵니다. 태일도 힘이 들었지만, 어린 순덕은 더 견디기 힘든 모양입니다. 한참 신문을 팔며 돌아다니는데 순덕이 등에서 훌쩍훌쩍 울었습니다.

"오빠, 나 머리가 아파······. 어디 가서 잠 좀 자자. 졸려 죽겠어."

순덕의 이마를 짚어 보니 불덩이 같았습니다. 며칠 동안 추위에 떨다 보니 그만 감기에 걸리고 만 것입니다. 태일은 가진 돈을 다 털어 약국에서 약을 지어다 순덕에게 먹였습니다.

감기에 걸린 동생을 업고 계속 거리를 돌아다니다가는 병이 도져 큰일이 날지도 모릅니다. 그러나 어디에도 순덕을 눕힐 만한 곳이 없습니다. 태일이 어찌할 바를 몰라 발만 동동 구르고 있는데, 신문팔이 소년이 지나가다 물었습니다.

"너 왜 그러니? 무슨 일 있니?"

"응, 동생이 아파. 열도 많이 나고······. 어디 눕혀야겠는데

갈 데가 없어."

소년은 딱하다는 듯이 태일 오누이를 살펴보다가, '받들회'라는 신문팔이 소년들의 합숙소를 알려 주었습니다. 태일은 순덕을 그 곳으로 데려갔습니다. 받들회라는 곳은 가난한 신문팔이 소년들을 위해 어느 사회사업가가 만든 단체였습니다. 신문 파는 소년들을 공짜로 재워 주고 밥값만 조금 받았습니다.

태일은 받들회 합숙소에 순덕을 눕혔습니다. 며칠 만에 따뜻한 방에 눕히고 이불을 덮어 주자 순덕은 쌔근쌔근 잠이 들었습니다.

순덕이 잠든 모습을 보고 태일은 다시 밖으로 나가 신문을 팔았습니다. 동생을 업고 다니며 팔다가 혼자 돌아다니니 몸이 가뿐했습니다.

태일이 신문을 팔고 저녁때 돌아오니, 순덕은 몸이 좀 나은 듯 일어나 있다가 반갑게 오빠를 맞았습니다.

"오빠, 어디 갔다 왔어? 날 버리고 간 줄 알고 울려고 했어."

순덕은 태일이 사 온 풀빵을 맛있게 먹으며 말했습니다. 그래도 순덕이 명랑해져서 태일은 조금 마음이 놓였습니다.

그러나 며칠 못 가서 오누이는 다시 거리로 나와야 했습니다. 눈이 많이 내리는 바람에 신문을 제대로 못 팔게 되자 하루 밥값조차 벌기 힘들었습니다. 그래서 며칠치 밥값이 밀려 숙소에서 쫓겨나게 된 것이지요.

태일은 여동생을 업고 다시 눈 덮인 겨울 거리를 헤매야 했습니다. 그 넓은 서울에서 오누이를 받아 줄 곳이라고는 아무 데도 없었습니다. 추운 바람이 살 속으로 마구 파고들었습니다. 순덕이 또다시 감기에 걸리기라도 하면 이제는 약 살 돈조차 없으니 큰일입니다.

여러 모로 고민한 끝에 태일은 동생을 어디엔가 맡겨야 한다고 생각했습니다. 그러나 낯선 서울 거리에 동생을 맡아 줄 사람이 있을 턱이 없습니다.

태일은 문득 미아보호소를 떠올렸습니다. 미아보호소는 길 잃은 어린아이를 부모가 나타날 때까지 임시로 맡아 주는 곳입니다.

어린 여동생을 그런 곳에 보내기는 싫었지만, 언제 얼어 죽을지 모르는 마당에 찬밥 더운밥 가릴 때가 아니었습니다.

막상 결심은 했지만, 태일은 동생을 미아보호소에 어떻게 맡겨야 하는지 몰랐습니다. 길 잃은 아이들을 보면 사람들은 대개 파출소로 데려갑니다. 그러니 파출소에 들어가 사정을 이야기하면 동생을 미아보호소에 맡겨 줄지도 모릅니다. 그래서 태일은 무작정 가까운 파출소로 들어갔습니다.

태일이 사정 이야기를 하자, 파출소 순경은 오누이의 초라한 모습을 힐끗 쳐다보고는 귀찮다는 듯이 말했습니다.

"네가 직접 찾아가 봐. 하지만 가도 받아 줄지 모르겠다."

파출소에서 나온 태일은 막막했습니다.

순간 태일은 순덕을 정말 미아로 만들면 되지 않을까 하는 생각이 들었습니다. 순덕을 거리에 내버려 두면 순경도 하는 수 없이 미아보호소로 데려갈지 모릅니다.

태일은 서대문 근처에 순덕을 내려놓았습니다.

"순덕아, 여기 있어. 오빠가 저기 가서 밥 얻어 올게. 울지 말고 조금만 기다려, 응?"

태일은 금방이라도 눈물이 쏟아지려는 것을 억지로 참느라 목소리가 코맹맹이 소리가 되었습니다.

순덕은 오빠의 코먹은 소리가 조금 이상했던지 오빠를 빤히 바라봅니다. 그러나 이내 고개를 끄덕입니다.

"응, 오빠. 나 안 울게. 그 대신 얼른 와."

태일은 순덕이 눈치채지 못하게 태연한 척 발걸음을 옮겼습니다. 그러나 뒤를 돌아보지는 않았습니다. 발에 쇠뭉치를 단 듯이 걸음이 무겁습니다.

골목 모퉁이를 돌자마자 태일은 마구 달렸습니다. 눈물이 쏟아졌습니다. 뒤에서 순덕의 목소리가 들리는 것 같은 착각도 들었습니다.

얼마쯤 달렸을까. 태일은 걸음을 멈추고 땅바닥에 주저앉았습니다. 그리고 고개를 무릎에 파묻고는 한참 동안 울었습니다. 지나가던 사람들이 태일을 힐끔힐끔 쳐다보고 지나갑니다.

오직 오빠 하나만 믿고 서울까지 따라온 동생입니다. 그런 어린 여동생을 길바닥에 버렸다는 죄책감에 태일은 고개를 들 수가 없었습니다.

태일이 돌아가지 않으면 순덕은 길거리에서 발만 동동거리며 울고 있을 것입니다. 이제 곧 해가 지면 순덕은 거리를 헤매고 다닐 것입니다. 또 끝내 아무도 데려가 주지 않으면 추운 골목에 쭈그리고 앉아 있다가 얼어 죽을지도 모릅니다.

'오빠아, 오빠아!' 하는 순덕의 울음소리가 태일의 귓가를 마구 때렸습니다.

'안 돼! 내가 도대체 무슨 짓을 한 거야.'

태일은 벌떡 일어나 오던 길로 다시 정신 없이 달렸습니다.

'순덕아, 이 못된 오빠를 용서해 다오. 제발 그 자리에 있어 다오. 순덕아, 제발……'

태일은 짐승처럼 울부짖으며 순덕이 있는 곳까지 달려갔습니다. 그런데 동생이 있던 자리에 웬 사람들이 모여 서 있는 것이 보였습니다. 태일은 덜컥 겁이 났습니다. 태일은 숨이 끊어져라 달렸습니다.

순덕은 고사리 같은 손으로 눈을 가리고 앙앙 울고 서 있었습니다. 추운 겨울 날씨에 눈물 콧물이 얼어붙어 뺨이 빨갛습니다. 순덕이 오빠를 보고는 더 크게 울면서 뛰어왔습니다. 순덕은 울음을 삼키지 못해 껄떡거리며 간신히 말을 잇습니다.

"오, 오빠…… 자, 잘못했어……. 바, 밥 사 달라고 조, 조르지 않을게……."

태일은 순덕을 힘껏 껴안았습니다.

"아, 아냐! 순덕아, 오빠가, 오빠가 잘못했어……. 잘못했어."

태일은 순덕을 데리고 다닐 수도, 버릴 수도 없었습니다. 태일은 밤이면 다시 땅콩 가게 굴뚝 옆에서 잠을 잤습니다.

그러던 어느 날, 태일 오누이가 자고 있는데 어떤 아저씨가 잠을 깨웠습니다.

"너희들 왜 여기서 자고 있니?"

"갈 곳이 없어서요."

태일은 그 동안의 사정 얘기를 했습니다. 아저씨는 얘기를 듣고 고개를 끄덕였습니다. 그러고는 백 원짜리 종이돈 한 장을 주었습니다.

"너희들 이렇게 같이 다니다가는 얼어 죽는다. 그러니 시청에 찾아가서 너희들 사정을 잘 말하고 얼마 동안 동생을 맡아 달라고 해 봐라. 그리고 너 혼자 부지런히 어머니를 찾아봐라, 알았니?"

아저씨는 그렇게 알려 주고 갔습니다.

다음날 아침, 친절한 아저씨가 준 돈으로 순덕에게 수제비를 사 먹이고 태일은 시청을 찾아갔습니다. 시청 직원은 태일의 얘

기를 듣고 고개를 저었습니다.

"여기서는 도와줄 수가 없어. 하지만 남산 밑에 그런 일만 맡는 곳이 있으니까 직접 찾아가 봐. 여기서 보냈다고 말하고."

시청 직원은 태일에게 약도를 그려 주었습니다. 태일은 약도에 그려진 곳을 찾아가 다시 사정 얘기를 했습니다. 그 곳 직원은 태일의 이야기를 다 듣고 말했습니다.

"이따가 오후 네 시에 미아보호소에서 차가 오니까 그 차에 태워라. 대신 하루라도 빨리 다시 찾아가야 해. 알겠니?"

오후 네 시까지는 시간이 있었으므로 태일은 순덕의 손을 잡고 다시 거리로 나왔습니다.

이제 몇 시간 뒤면 태일은 어린 여동생과 헤어져야 합니다. 태일은 그 때까지만이라도 동생에게 뭔가 잘 해 주고 싶었습니다. 그러나 태일에게는 수제비 한 그릇 사 먹일 돈도 없었습니다. 태일은 헌 옷 가게에 가서 입고 있던 학생복 윗도리를 팔았습니다. 러닝셔츠만 입은 태일의 앞가슴으로 매서운 겨울 바람이 마구 파고들었습니다.

"오빠, 안 추워?"

어린 순덕이 보기에도 오빠의 모습이 애처로웠던지 자꾸 물어 봅니다.

"응, 오빤 하나도 안 추워."

그것은 정말입니다. 태일은 동생과 헤어져야 한다는 서글픔에 추위조차 느낄 수 없었습니다.

　태일은 순덕을 식당으로 데려가 백반을 사 주었습니다. 오랜만에 먹어 보는 비싼 음식에 순덕은 철없이 좋아합니다.

　"순덕아, 오빠 말 잘 들어. 지금 오빠는 엄마 있는 곳을 안다는 사람을 찾아가야 해. 그런데 그 곳은 길이 험해서 오빠 혼자 가야 해. 지금 오빠가 태워 주는 차를 타고 가면 따뜻한 방도 있고, 맛있는 밥도 줄 거야. 오빠는 엄마하고 같이 저녁때 갈 거니까 너 먼저 가서 기다리고 있어. 알았지?"

　태일이 이렇게 거짓말로 타이르자 순덕은 곧 엄마를 만나게 된다는 말에 솔깃해서 고개를 끄덕입니다.

　"응, 오빠. 얼른 엄마 찾아서 같이 와."

　순덕은 마침내 다른 아이들 틈에 섞여 미아보호소로 가는 차에 올라탔습니다.

　"순덕아, 오빠 금방 갈게. 울지 말고 기다려."

　"응, 빨리 와야 해."

　아무것도 모르는 순덕은 고사리손을 흔들었습니다. 차가 떠나고, 순덕도 태일의 눈 앞에서 사라졌습니다.

　"순덕아……."

　순덕이 탄 차가 더 이상 보이지 않게 되자, 태일은 그제야 이를 악물고 참고 또 참았던 울음을 목놓아 터뜨립니다.

우리 다시는 헤어지지 말자

동생을 떠나보내고 혼자가 되니 태일은 마음이 허전했습니다. 순덕과 헤어지는 슬픔 때문에 잠시 잊고 있던 추위가 더욱 싸늘하게 태일의 맨살을 파고들었습니다.

슬픔과 추위 속에서 하룻밤을 보낸 뒤, 태일은 다시 용기를 냈습니다. 오빠를 기다리며 울고 있을 순덕을 생각해서라도, 마냥 슬픔에 잠겨 있을 수만은 없습니다. 하루바삐 어머니를 찾고 돈을 벌어 순덕을 데려와야 했습니다.

태일은 거리로 나섰습니다. 한겨울에 러닝셔츠만 입고 돌아다니려니 견딜 수 없이 추웠습니다. 행인들도 이상한 사람 보듯 태일을 자꾸 힐끔힐끔 쳐다봅니다. 어떻게 해서든 윗옷부터 마련해야 했습니다.

태일은 거리를 헤매다가 어느 담배 가게 앞에서 문득 걸음을 멈추었습니다. 그 담배 가게 아주머니의 인상이 어머니와 무척 닮았다는 생각이 들었기 때문입니다.

태일은 한참 망설인 끝에 그 아주머니에게 말했습니다.

"아주머니, 윗도리 사 입게 50원만 빌려 주세요. 너무 추워서 그래요. 제가 나중에 돈을 벌면 꼭 갚을게요."

담배 가게 아주머니는 태일을 찬찬히 바라보았습니다. 느닷없이 나타나 돈을 빌려 달라니 어처구니가 없었던 모양입니다. 하지만 비록 몰골은 초라해도 태일의 표정은 더없이 순진해 보입니다. 아주머니는 혀를 차며 말합니다.

"쯧쯧, 이 추운 겨울날 윗도리는 어디다 잃어버리고 없니?"

태일은 지금까지 겪은 일들을 담배 가게 아주머니에게 빠짐없이 털어놓았습니다. 그렇지 않아도 누군가를 붙잡고 하소연하고 싶은 심정이었기 때문입니다. 아주머니는 눈물을 글썽이며 얘기를 듣다가 태일의 손을 꼭 잡았습니다.

"에이그, 어린것이 험한 세상을 만나 고생이 많구나. 다른 애들 같았으면 금세 나쁜 길로 빠졌을 텐데……."

아주머니는 2백 원 남짓 되는 돈을 태일에게 선뜻 주었습니다.

"아무리 힘들어도 나쁜 길로 빠지지 말고, 어려우면 또 아줌마한테 와. 이 돈으로 옷 사 입고 신문 배달이라도 해라. 돈은 못 갚아도 괜찮으니까, 꼭 한 번 더 찾아오너라. 알았지?"

정말 인정이 많은 아주머니였습니다. 태일은 아주머니에게 몇 번이나 고맙다는 인사를 했습니다.

태일은 옷을 사 입은 뒤 다시 일을 시작했습니다. 울며 오빠를 기다릴 어린 여동생 생각을 잠시라도 떨쳐 보려고 오직 일에만 매달렸습니다. 낮에는 구두를 닦고, 저녁에는 신문을 팔았습니다. 그러나 밤이 되어 싸구려 합숙소에 돌아와 누우면, 오빠를 기다리며 울고 있을 어린 동생 생각에 태일은 밤잠을 설치며 몸부림쳤습니다.

어머니는 찾지도 못하고 시간만 자꾸 흘러갔습니다. 이제 순덕을 데려올 수 있는 방법은 태일이 스스로 돈을 벌어 자리를 잡는 것밖에 없습니다. 태일은 돈벌이가 될 만한 일이라면 아무리 힘들어도 달려들었습니다.

밤에는 길거리에서 담배 꽁초를 주워 모아 팔았습니다. 비가 오면 우산 장사를 하고, 여름에는 아이스케이크 장사를 했습니다. 짐수레 뒤를 밀어 주는 일도 했습니다. 한 푼이라도 아끼려고 여름에는 길거리에서 신문지를 덮어 쓰고 자기도 했습니다.

그러나 태일은 희망을 잃지 않습니다. 순덕을 떠나보낸 뒤로 단 한 번도 눈물을 흘리지 않았습니다. 눈물조차 말라 버린 것입니다. 오누이에게 잠자리 하나 마련해 주지 않는 메마른 현실, 태일은 이 현실과 맞서려고 발버둥을 치고 있었습니다.

어느 비 오는 날, 태일이 한창 우산을 팔고 있을 때였습니다.

멋지게 차려입은 여자가 건물 3층에서 태일을 불렀습니다. 태일은 하나라도 더 팔려고 3층까지 숨을 헐떡이며 뛰어 올라갔습니다. 여자는 의자에 앉아 말했습니다.

"우산 하나에 얼마니?"

"35원이에요."

"왜 35원이야? 전에는 30원에 샀는데."

"그렇게 팔면 밑지는데요……."

여자는 얼굴을 찌푸렸습니다.

"밑지기는 뭐가 밑져! 너희들은 툭하면 죽는 소리야, 기분 잡치게!"

여자는 우산을 펴 보고는 말했습니다.

"아니, 이거 헌 우산 아냐? 손잡이에 곰팡이까지 슬었네."

"아니에요. 이건 방금 받아 온 우산이에요."

"우산이 이 꼴인데 무슨 변명이야? 그런 지저분한 변명이나 하려 드니까 밤낮 거지꼴로 살지! 필요 없어. 가져가!"

태일은 건물 밖으로 나와 여자가 한 말을 곰곰이 되새겨 봅니다. 정말 태일은 누가 봐도 영락없는 거지꼴입니다. 운동화는 각각 다른 짝입니다. 한 짝이 낡으면 다른 짝을 주워 신었기 때문입니다. 오랫동안 닦지 못한 이는 누렇다 못해 벌겋게 변했고, 제대로 씻지 못한 몸에서는 땀 냄새와 구정물 냄새가 푹푹 풍깁니다.

하지만 누군들 이런 거지꼴을 하고 싶어 하나요?

어떤 사람은 부유한 부모 밑에 태어나 좋은 환경에서 배불리 먹고 잠자며, 어떤 사람은 가난한 부모 밑에 태어나 동생까지 버린 채 거지꼴을 하고 떠돌고 있습니다.

이것이 과연 태일의 잘못일까요? 태일이 아무리 발버둥을 쳐도 부유하게 살 수 없는 까닭은 무엇일까요? 사람은 누구나 평등하다는데, 어째서 태일은 거지꼴을 하고 욕을 먹고, 그 여자는 의자에 편안히 앉아 남에게 욕을 퍼부을 수 있는 걸까요?

태일에게는 이 모든 일이 이상하기만 합니다. 그래서 태일은 그 여자가 퍼부었던 욕을 생각하며 쏟아지는 빗줄기만 오랫동안 바라보고 서 있었습니다.

어느 날, 태일이 구두닦이 통을 메고 갈 때였습니다. 곁을 스쳐 지나가는 거지 소년들 가운데 유난히 낯익어 보이는 얼굴이 있었습니다. 순간 태일은 망치로 머리를 얻어맞은 듯한 기분이 들었습니다.

"너…… 홍태 아니냐?"

태일이 가까스로 이렇게 외치자, 거지 소년도 흘끗 태일을 쳐다보았습니다.

"혀…… 형아!"

홍태였습니다. 동생 홍태를 서울 거리에서 만난 것입니다.

"이 자식…… 홍태야!"

태일과 홍태는 서로 부둥켜안고, 지나가는 사람들이 보거나 말거나 엉엉 울음을 터뜨렸습니다.

"네가 웬일이니? 이 거지꼴을 하고……."

"형이 떠나고 얼마 안 돼서 나도 올라왔어. 때릴 사람이 없으니까 아버지가 나만 자꾸……."

홍태는 껄떡껄떡 울며 그 동안 지내 온 얘기를 했습니다. 아버지의 술주정이 더 심해졌다는 얘기도 하고, 서울에 올라와 남대문시장 언저리에서 밥을 구걸해 먹고살았다는 얘기도 했습니다. 그러니까 이제 대구에는 아버지와 여동생 순옥만 남아 있는 셈입니다.

태일은 홍태의 머리를 쓰다듬으며 말했습니다.

"그래, 그 동안 얼마나 고생이 많았니? 이제 형이랑 같이 살자."

태일 형제는 그 동안 겪은 얘기를 주고받으며 한참 동안 서럽게 울었습니다.

그 날부터 태일과 홍태는 나란히 구두닦이 통을 메고 거리를 헤매 다녔습니다. 순덕을 떼어 놓은 슬픔에 잠겨 있던 태일도 홍태를 만나 함께 설움을 나누니 조금은 위안이 되었습니다.

그러던 어느 날, 태일 형제는 우연히 어머니의 옛 친구분을 만났습니다. 그 아주머니는 태일에게 반가운 소식을 알려 주었습니다. 어머니가 자기 집에 다녀간 적이 있다는 것입니다. 태일 형제는 어머니 소식을 들은 것만으로도 당장 어머니를 만난 것처럼 반가웠습니다.

"어디에 있다는 얘기는 안 하고 그저 나중에 다시 한 번 들르겠다는 말만 하더라. 네 엄마가 다시 들르면 너희들 소식을 전하마. 너희들도 떠돌아다니지 말고 소식이 닿을 수 있는 곳에 머무르는 게 좋겠어."

아주머니는 그렇게 말하며 남산 중턱에 있는 허름한 하숙집을 소개해 주었습니다. 그 날부터 태일과 홍태는 아주머니가 소개해 준 하숙집에 머무르게 되었습니다. 태일은 계속 구두 닦는 일을 하고, 홍태는 하숙집에 남아 숙박비 대신 허드렛일을 해 주기로 했습니다.

어머니 소식을 듣기는 했지만, 언제 만나게 될지는 모르는 일이었습니다. 두 형제는 어머니를 만나게 될 날을 손꼽아 기다리며 열심히 일하기로 했습니다.

어느 날, 태일은 구두를 닦으려고 청계천에 있는 옷 시장에 들렀습니다. 시장 아래층에는 옷 가게들이 줄지어 있고, 위층에는 옷을 만드는 조그만 공장들이 들어서 있었습니다. 사람들은 그 곳을 '평화시장'이라고 했습니다. 태일은 그 곳에서 일할 사람을 찾는 알림판을 보았습니다.

'견습공 구함. 월급 1500원. 삼일사.'

태일은 그 알림판을 보고 삼일사라는 공장에 취직하기로 마음먹었습니다. 그 때 태일은 벌써 열일곱 살이나 되었으니, 언제까지 구두만 닦고 지낼 수는 없는 노릇이었습니다. 그래서 뒷날을 생각해 재봉 기술이라도 배워 둬야겠다고 생각한 것입니다.

월급 1500원이면 하루에 50원꼴밖에 안 되는 적은 급료였습니다. 비록 구두닦이 벌이만도 못한 급료이지만, 부족한 돈은 아침 일찍 일어나 하숙집 손님들의 구두를 닦고, 일이 끝난 뒤 껌을 팔아 벌면 되리라 생각했습니다.

며칠 뒤 태일은 삼일사에 정식으로 취직해 어엿한 노동자가 되었습니다. 잠시도 쉴 틈이 없는 고달픈 나날이었지만, 태일은 어머니를 만날 날을 손꼽아 기다리면서 하루하루를 견뎌 나갔습니다.

어느덧 봄이 되었습니다. 태일은 더 이상 소년이 아니었습니다. 열여덟 살이니 어른이나 다름없었지요.

어느 날 밤, 어머니 친구분이 태일 형제에게 기쁜 소식을 전해 주러 왔습니다.

"어제 저녁에 네 엄마가 우리 집에 다녀갔단다. 너희 소식을 알려 줬더니 어찌나 울던지……. 내일 당장 너희를 만나러 오겠다더라. 네 엄마는 지금 동대문에 있는 식당에서 일한대."

그 말을 듣고 태일과 홍태는 어머니를 만난다는 설렘으로 밤을 꼬박 새웠습니다. 어머니가 올 때까지 도저히 기다릴 수가 없어서 태일 형제는 날이 밝자마자 어머니가 일하고 있다는 식당으로 달려갔습니다.

태일 형제가 식당에 들어섰을 때 어머니는 행주치마에 손을 닦으며 주방에서 나오고 있었습니다. 태일은 어머니를 한눈에 알아보았습니다. 어머니도 태일 형제를 발견했습니다.

얼마 만의 만남인지, 어머니와 두 아들은 서로 빤히 바라보기만 했습니다. 하도 기가 막히고 놀라워 가까이 다가갈 생각조차 나지 않았던 것입니다.

"어…… 어머니……."

태일이 간신히 입을 열자, 그제야 어머니가 울음을 터뜨리며 달려왔습니다.

"태일아……, 홍태야……."

어머니와 태일 형제는 서로 얼싸안고 한참 동안 울먹이기만 할 뿐 말을 잇지 못했습니다. 자식들을 돌보지 못한 어머니나 동생을 버린 태일이나 서로에게 죄스러운 마음만 가득했습니다. 부쩍 늙어 버린 어머니, 누가 봐도 거지꼴인 두 아들……. 그동안 어떤 고생을 하며 살아왔는지 말할 필요조차 없었습니다.

한참 만에 어머니는 울먹이는 아들들의 등을 토닥이며 말했습니다.

"그래, 그래……. 우리…… 이제 다시는 헤어지지 말자, 다시는……."

태일 형제는 마침내 어머니를 만나 함께 살게 되었습니다. 그리고 그 해 가을쯤에는 작은 판잣집 월셋방도 하나 얻을 수 있었습니다.

하루는 태일이 회사 근처 식당에서 점심을 먹고 있는데, 아버지가 순옥과 함께 식당 문을 열고 들어왔습니다. 태일은 깜짝 놀라 수저를 놓고 아버지를 바라보았습니다. 아버지는 태일 앞에 앉아 한참 동안 머뭇거리다 어렵게 입을 열었습니다.

"그래…… 엄마는 만났니?"

"예……."

태일은 기어들어가는 소리로 말했습니다.

"나는 지금 중앙시장에 있는 옷 가게에서 일하고 있다. 이제 술도 끊었고……. 너희들이 떠난 뒤에 순옥이를 데리고 서울에 왔어. 네 엄마는 나를 다시 보려 하지 않겠지만, 이 말만은 전해 다오. 이젠 술도 끊고…… 많이 뉘우쳤다고 말이다."

이렇게 말하는 아버지를 보자, 태일은 그 동안 아버지에게 품었던 미움이 눈 녹듯 사라지는 느낌이었습니다. 술독으로 아버지 얼굴은 상할 대로 상해 있었습니다. 태일은 아버지와 함께 집으로 갔습니다.

"여보, 잘못했소. 이제 다신 술을 안 마실 거요. 저 어린것들을 더 이상 고생시킬 수야 없지 않소."

다시는 술을 마시지 않겠다는 말에 어머니 마음도 곧 풀렸습니다. 태일네 식구는 다시 예전처럼 모두 모여 살게 됐습니다. 이제 미아보호소로 보낸 지 일 년이 넘은 순덕만 데려오면 되었습니다.

어머니와 태일이 여기저기 수소문한 끝에 순덕이 어느 보육원에 가 있다는 것을 알았습니다. 태일이 그 보육원에 찾아가 보니, 순덕은 오빠도 알아보지 못할 정도로 바보가 다 되어 있었습니다. 같이 집에 가자고 해도 슬금슬금 눈치만 봤습니다. 태일은 또다시 순덕에게 죄책감을 느끼지 않을 수 없었습니다.

순덕은 집에 와서도 식구들을 낯설어하며 하루 종일 우두커니 앉아 있기만 했습니다. 집에서 하룻밤을 보내고 다음날 아침이 되자, 순덕은 새벽같이 일어나 깨끗하게 세수하고 머리를 빗은 뒤 얌전하게 앉아 있는 것이었습니다.

"순덕아, 너 왜 그러니?"

태일이 묻자, 순덕은 조그만 목소리로 말했습니다.

"이렇게 하고 있지 않으면 선생님한테 야단맞아……."

태일은 왈칵 눈물을 쏟으며 어린 여동생을 꼭 껴안았습니다.

"순덕아, 오빠가 잘못했다. 정말 잘못했어. 우리, 다시는 헤어지지 말자. 다시는……."

청계천 평화시장

 '청계천'은 옛서울 한복판을 가로질러 흐르는 하천 이름입니다. 남산, 인왕산, 북한산 등 서울을 둘러싼 여러 산에서 내려오는 계곡물이 이 하천을 거쳐 한강으로 흘러들어갑니다. 하천 물이 워낙 깨끗했기 때문에 옛 사람들은 '맑은 계곡물'이라는 뜻으로 청계천(淸溪川)이라고 했지요.

 그런데 서울 인구가 늘어나면서 주택과 공장에서 흘려보낸 온갖 구정물이 청계천을 더럽혔습니다. 그래서 청계천은 썩은 냄새를 풍풍 풍기는 더러운 하천이 되고 말았습니다.

 집 없이 떠도는 사람들은 땅임자가 없는 하천 언저리에 집을 짓게 마련입니다. 청계천 언저리에도 판자촌이 많이 생겨났습니다. 그들은 주로 옷을 만들어 종로에 내다 파는 일로 벌이를 했습니다. 그러다 보니 청계천 근처에는 자연히 옷 만드는 가게가 줄지어 들어서게 되었지요.

 서울 교통이 점점 복잡해지자, 청계천을 덮어 도로로 만드는 공사를 시작했습니다. 그 뒤 청계천 거리에는 커다란 상가 건물 하나가 들어섰습니다. 그게 바로 앞에서 말한 '평화시장'이라는 곳입니다.

 청계천 언저리에서 옷 만드는 가게를 하던 사람들은 평화시장 건물로 들어와 크고 작은 옷 공장을 열었습니다. 평화시장이 점점 커지면서 그 곁에 '통일상가'와 '동화시장'이라는 건물이 들어서고, 청계천 거리를 따라 '신평화시장', '동평화시장', '청평화시장'이라는 건물이 잇달아 들어서면서, 청계천 일대는 우리 나라에서 가장 큰 옷 시장이 되었습니다.

 서울의 계곡물이 청계천으로 흘러들듯, 직업을 구하지 못해 떠돌던 사람들이 일자리를 찾아 평화시장으로 모여들었습니다. 마치 태일이 어머니를 찾으러 서울 거리를 떠돌다 평화시장에 취직한 것처럼 말이지요.

 피복 공장의 일은 옷감을 견본 모양대로 자르는 '재단' 일과 그렇게 재단한 옷감을 재봉틀로 박아 옷을 만드는 '재봉' 일로 이루어집니다. 그리고 이런 일을 맡아 하는 노동자를 '재단사'와 '재봉사'라고 합니다.

 처음 피복 공장에 들어온 사람은 먼저 '견습공'으로 일을 합니다. 견습공이란 원래 일을 보고 익히는 과정에 있는 노동자를 뜻합니다. 그러나 평화시장의 견습공들은 온갖 허드렛일을 도맡아 해야 했습니다. 옷감 나르는 일, 재봉사에게 실이나 단추를 갖다 주는 일, 다 만든 옷에서 실밥 뜯어 내는 일, 심지어 작업장 청소까지 해야 했습니다.

이런 허드렛일을 몇 년 동안 하고 나면, 견습공은 '재봉 보조공'이나 '재단 보조공'이 됩니다. 재봉 보조공과 재단 보조공은 말 그대로 재봉사와 재단사가 하는 일을 보조해 주는 노동자입니다. 이를테면 재봉 보조공은 재봉사 곁에서 옷에 상표를 박는 일 따위의 조금 쉬운 재봉 일을 합니다. 그렇게 보조공으로 오랫동안 기술을 쌓은 뒤에 재봉사나 재단사가 됩니다.

태일도 처음에는 견습공 일부터 했습니다. 그러다가 얼마 뒤에는 재봉 보조공이 되었고, 이듬해 가을에는 '통일사'라는 피복 공장으로 직장을 옮겨 재봉사가 되었습니다. 견습공을 거쳐 재봉사가 되려면 대개 5, 6년쯤 걸리지만, 태일은 아버지한테 배운 기술이 있었기 때문에 금세 재봉사가 되었지요.

신문팔이, 구두닦이, 껌팔이, 우산 장수, 수레 뒷밀이……. 태일은 어린 시절부터 온갖 험하고 궂은 일을 다 해 보았습니다.

그런 태일이 어엿한 노동자로 취직했으니 이제 고생은 다 끝난 걸까요? 조금도 그렇지 않습니다. 평화시장의 일은 지금까지 겪어 본 어떤 일보다도 고되고 험했습니다.

　피복 공장 견습공들은 대부분 겨우 열두세 살쯤 된 어린 소녀들이었습니다. 그렇게 어린 견습공들이 하루에 무려 열네 시간씩이나 일했습니다. 아침 여덟 시부터 밤 열 시까지, 일요일에도 쉬지 않고 한 달 내내 일을 합니다.

　그렇게 일하고 받는 돈은 하루에 50원입니다. 그 때는 껌이 한 통에 10원, 동화책이 한 권에 70원쯤 했답니다. 그러니 하루 열네 시간 동안 일하고 겨우 껌 다섯 통 값을 버는 셈입니다.

　어린 견습공들을 괴롭히는 것은 고된 일과 적은 월급뿐만이 아니었습니다.

　그들이 일하는 작업장은 웬만한 구멍가게보다 조금 더 클까 말까 한 크기입니다. 게다가 사장들은 기계를 한 대라도 더 들여놓으려고 작업장에 수평으로 칸막이를 해 2층 다락방까지 만들었습니다. 그래서 작업장의 높이는 약 1.5미터밖에 안 됩니다. 노동자들은 하루 종일 허리 한 번 제대로 펴지 못하고 일을 합니다.

　이렇게 다락방을 만들다 보니 창문을 가로막게 되어, 작업장 안은 대낮에도 늘 불을 켜 놓아야 할 정도로 어둠침침했습니다. 그 안에서 일하는 노동자들은 아침부터 밤까지 햇볕 한 줌 쬐어 보지 못합니다.

　또 창문이 없으니 더러운 공기는 어디로 빠져나가겠습니까?

평화시장에서 견습공으로 갓 취직했을 때입니다. 같이 일한 견습공과 보조공들도 모두 어린 친구들이었습니다. 뒷줄 왼쪽에서 세 번째가 전태일입니다.

당시 평화시장의 다락방 작업장 모습입니다. 이렇게 좋지 않은 환경에서 주로 어린 소녀들이 고된 일을 했습니다.

옷을 만드는 공장이기 때문에, 옷감에서 나오는 먼지와 실밥이 엄청나게 많습니다. 그런데 작업장에는 환풍기 한 대 없습니다. 결국 노동자들은 그 많은 먼지를 고스란히 들이마시며 일을 하는 수밖에 없습니다.

이처럼 환경이 나쁜 작업장에서 고된 일을 하다 보니 어린 견습공들은 툭하면 병에 걸렸고, 심한 경우에는 영영 불구자가 되기도 했습니다.

태일은 평화시장에서 일하면서 어린 소녀들이 우는 모습을 많이 보았습니다. 배가 고파서 울기도 하고, 고향에 계신 부모님을 생각하며 울기도 하고, 사장이나 선배 재봉사들한테 구박을 받고 울기도 했습니다.

태일은 이런 광경을 볼 때마다 가슴이 몹시 아팠습니다. 겨우 초등학교 다닐 나이에 공장에 나와 고된 일을 하는 소녀들이 더없이 가엾게 느껴졌습니다.

태일이 일하는 피복 공장에는 점심 시간이 되어도 밥 먹을 생각도 않고 우두커니 앉아 있는 소녀들이 많았습니다. 너무 가난해서 도시락조차 싸 오지 못했던 것이지요. 그러니 그 소녀들은 하루 종일 굶은 채 열네 시간씩 일을 하는 셈입니다.

이런 모습을 보면 태일은 주머니에 있는 돈을 모두 털어 풀빵을 사 옵니다.

"애들아, 이거 먹고 일해."

태일이 풀빵을 나누어 주면 견습공 소녀들의 눈에는 금세 눈물 방울이 어립니다. 여태 공장에서 자신들에게 그렇게 잘해 주는 사람이 없었기 때문입니다.

소녀들은 풀빵을 집어 먹으며 기어드는 목소리로 말합니다.

"재봉사 아저씨도 좀 드세요……."

소녀들은 태일이 자기 점심값을 털어 풀빵을 샀다는 사실을 알고 있었습니다.

견습공 소녀들은 누구나 태일을 좋아하게 되었습니다. 그러나 그 가엾은 어린 소녀들을 위해 태일이 할 수 있는 일이라고는 점심값을 털어 풀빵을 사 주는 것밖에 없었습니다. 태일은 자신의 무능력을 탓할 뿐이었습니다.

피복 공장에서 사장 다음으로 힘 있는 사람은 재단사입니다. 보통 재봉사는 여자들이 많았고, 재단사는 남자들이 많았습니다. 사장은 남자인 재단사들에게 작업장의 규율을 잡게 하고, 여러 가지 의견을 듣기도 합니다. 그래서 작업장에서는 누구도 재단사의 말을 함부로 거스를 수 없습니다.

재단사들이 어린 소녀들의 어려운 처지를 조금이라도 도와주면 좋으련만, 재단사들은 도리어 사장 비위 맞추기에 바쁠 뿐이었습니다. 심지어는 사장이 시키는 대로 몇 푼 되지도 않는 소녀들의 월급을 깎기까지 했습니다. 태일은 이런 광경들을 볼 때마다 늘 안타까웠습니다.

'저 어린 소녀들에게 힘이 되어 주지는 못할망정 오히려 재단사가 앞장서서 소녀들 월급을 깎다니…….'

누구보다도 가난 때문에 고생하며 자라 온 태일입니다. 그래서 태일은 자기보다 더 불행한 사람들을 보면 늘 가슴아파했습니다.

그러던 어느 날, 태일은 재단사가 되기로 결심했습니다. 재단사가 되어야만 어린 소녀들의 이익을 지켜 줄 수 있다고 생각했기 때문입니다.

'그래, 재단사가 되는 거야. 재단사가 되어 가엾은 어린 소녀들을 돕는 거야. 내가 저 소녀들을 위해 할 수 있는 일은 그것뿐이야.'

하지만 그것이 결심만큼 쉬운 일은 아닙니다. 재단사가 되려면 재단 보조공이 되어 재단 일을 다시 배워야 하기 때문입니다. 태일이 재봉사 일을 하면서 받는 월급이 7천 원인데, 재단 보조공이 되면 한 달에 3천 원밖에 받지 못합니다. 월급을 4천 원씩이나 적게 받는다면 가뜩이나 어려운 집안 살림이 더욱 쪼들릴 것이 뻔합니다.

그러나 태일은 마음을 굳게 먹었습니다. 태일이 어머니에게 조심스레 이런 결심을 털어놓자, 어머니는 잠시 한숨을 쉬었을 뿐 반대는 하지 않았습니다.

"그래, 네 뜻대로 해라. 우리보다 더 어려운 사람이 있다면

재단사가 되기로 결심하던 무렵, 청옥 고등공민학교 때 친구인 재철(왼쪽)과 원섭(가운데)과 함께했습니다.

마땅히 도와야지."

어머니는 태일의 말이라면 무조건 믿고 따라 주었습니다. 착하고 여린 태일의 마음을 너무나 잘 알기 때문입니다. 그러면서도 어머니는 그런 태일을 볼 때마다 늘 가슴 한 구석에 불안한 생각을 지울 수 없었습니다.

'저 애가 남을 위해 자기를 희생하는 건 아닐까?'

문득 커다란 해가 가슴을 들이박고 산산이 부서져 버린 태몽 생각이 납니다. 어머니는 꿈 속에서 가슴이 찢어지게 아팠던 기억을 떠올리고는 잠시 진저리를 쳤습니다.

얼마 뒤, 태일은 '한미사'라는 공장으로 직장을 옮겨 재단 보조공이 되었습니다.

청계천의 어린 소녀들

일 년쯤 재단 보조공으로 일한 뒤, 태일은 마침내 재단사가 되었습니다.

태일은 더욱 바빠졌습니다. 다른 재단사들은 대개 이것 가져와라, 저것 해라 하며 견습공들한테 쉴새없이 잔심부름을 시킵니다. 그러나 태일은 정반대입니다. 견습공들한테 되도록 잔심부름을 시키지 않았고, 도리어 어떤 때에는 견습공들이 해야 할 일까지 태일이 했습니다. 그러다 보니 태일은 남들보다 세 배는 더 많이 일해야 했습니다.

태일은 공장에서 사장 다음으로 높은 재단사인데도 거의 쉴 틈이 없습니다. 아침 여덟 시부터 밤 열 시까지 고된 노동을 하면서 견습공들보다 더 바쁘게 일했습니다. 그래야 어린 견습공들을 조금이라도 도울 수 있기 때문입니다.

　재단사가 되어 월급은 올랐지만, 태일은 늘 배가 고픕니다. 출근할 때 어머니는 차비 30원과 점심 도시락으로 밀가루 개떡을 싸 줍니다. 그러나 점심 시간이 되면 그것은 고스란히 견습공 소녀들의 몫이 됩니다. 도시락을 싸 올 형편이 못 되는 견습공들은 점심 시간이 되어도 밥을 굶은 채 우두커니 앉아 있습니다. 그런 모습을 보면 태일은 자기 차비로 1원짜리 풀빵을 사서 소녀들에게 나누어 줍니다. 그러나 몇 개 안 되는 풀빵이 굶주린 소녀들의 배를 충분히 채워 줄 수는 없습니다. 결국 태일은 도시락으로 싸 온 밀가루 개떡마저도 소녀들에게 내어 줍니다.

　"오늘따라 왜 이렇게 배가 아프지? 나는 못 먹겠으니 너희들이나 먹어라."

　견습공 소녀들에게 밀가루 개떡을 몽땅 건네준 뒤, 태일은 화장실에 가서 물로 배를 채웁니다.

　'견습공 신세는 개만도 못하다'는 말이 있을 정도로 피복 공장에서는 견습공을 심하게 괄시합니다. 그런 견습공들을 그토록 알뜰하게 보살펴 주니 견습공 소녀들은 누구나 태일을 친오빠처럼 따르며 좋아했습니다. 어려운 일이 있으면 스스럼없이 태일을 찾아와 의논하기도 했습니다.

　그런 만큼 태일은 몸과 마음이 모두 고달플 수밖에 없습니다. 집까지 두 시간도 넘는 거리를 터덜터덜 걸어가니, 집에 들어가

한미사 동료들과 해수욕장에 놀러 갔을 때입니다. 뒷줄 왼쪽 끝이 전태일입니다.

재단사로 일하던 시절, 공장 동료들과 찍은 사진입니다. 맨 오른쪽이 전태일입니다.

는 시간도 점점 늦어졌습니다.

한번은 태일이 새벽 한 시가 넘도록 돌아오지 않았습니다. 어머니는 문 밖에서 서성거리며 태일을 기다리다가 꼬박 밤을 새우고 말았습니다. 태일은 새벽녘에야 나타났습니다.

"뭐 하다가 이제 오니?"

어머니가 묻자 태일은 빙그레 웃으며 대답했습니다.

"차비를 잃어버려서 걸어오느라고요. 오다가 야간 통행 금지에 걸려서 파출소에 잡혀 있다 왔어요."

그러나 어머니는 태일이 차비를 잃어버리지 않았다는 사실을 알고 있습니다. 그 무렵 태일과 함께 평화시장에서 일하고 있던 홍태는 어머니에게 가끔 이렇게 투덜거렸습니다.

"이제 형하고 같이 안 다닐래요. 어쩌다 같이 집에 오게 되면 자꾸 내 차비로 풀빵을 사 먹고 걸어가자고 졸라요."

공장에서 돌아오면 태일은 어머니에게 줄곧 어린 견습공들 이야기만 합니다. 어떤 소녀가 또 코피를 쏟았다는 둥, 어떤 소녀는 감기에 걸렸는데 돈이 없어서 약을 못 사 먹고 있다는 둥……. 한결같이 견습공들에 대한 걱정뿐이었습니다. 그래서 어머니는 태일이 제 차비를 견습공들에게 풀빵 사 주는 데 써 버린다는 사실을 눈치챘던 것이지요.

"어머니, 우리 순덕이는 그래도 그 아이들보다는 행복한 편이에요."

태일은 순덕을 보며 혼잣말처럼 중얼거리기도 합니다. 어머니는 태일의 너무 착한 마음이 오히려 걱정이었습니다. 다른 사람을 돕는 일에 얼마나 큰 희생이 따르는지 어머니는 잘 알고 있었습니다. 그래서 어머니는 아들이 하는 일을 말릴 수도 없고, 말리지 않을 수도 없었습니다.

태일은 어린 견습공들을 돕는 일에 점점 지쳐 갔습니다. 공장에 가면 남들보다 세 배는 더 일하고 점심마저 굶습니다. 버스를 타도 한 시간이 넘는 거리를 늘 걸어서 출퇴근해야 합니다. 그렇게 해서라도 그 아이들의 생활이 좀더 나아질 수 있다면 태일은 기꺼이 그렇게 할 것입니다.

태일이 애당초 재단사가 된 것은 불쌍한 견습공 소녀들을 돕고, 그 아이들의 불행한 삶에 조금이라도 보탬을 주고 싶다는 생각에서였습니다. 하지만 현실은 태일의 뜻처럼 쉽게 달라지지 않았습니다. 태일이 애를 쓰면 쓸수록 이익을 보는 것은 언제나 사장이었고, 노동자들의 몫은 조금도 늘지 않았습니다. 처음에는 사장한테 호감을 품고 있던 태일도 이제는 사장이 더없이 미워졌습니다.

사장과 마찰도 점점 더 잦아졌습니다. 태일은 견습공 소녀들 몫을 한 푼이라도 더 챙겨 주려고 애썼지만, 그럴수록 사장은 태일을 못마땅하게 여겼습니다.

"자네가 도대체 뭐야, 엉? 자네가 사장이야? 걔들 오라비라도 돼? 걔들 도울 생각 말고 자네 앞가림이나 제대로 해!"

태일은 점점 고민이 깊어 가고 나날이 우울해졌습니다.

그러던 어느 날이었습니다. 여자 재봉사 한 명이 재봉 일을 하다가 콜록콜록 기침을 하더니, 그만 재봉틀 위에 시뻘건 피를 토해 냈습니다.

태일은 깜짝 놀라 그 재봉사를 부축해서 얼른 병원으로 데려갔습니다. 재봉사는 연방 기침을 하며 피를 토했습니다. 병원에서는 그 재봉사가 심한 폐병에 걸렸다고 알려 주었습니다. 탁한 먼지 속에서 오랜 시간 일하다 보니 폐병에 걸리고 만 것입니다.

재봉사는 걱정스러운 얼굴로 태일을 바라보았습니다.

"재단사 아저씨, 사장님이 이 사실을 알면 저는 쫓겨나겠지요?"

심한 병에 걸린 것보다 회사에서 쫓겨날 일이 더 걱정이었던 것입니다.

병원에서 돌아온 태일은 한동안 일이 손에 잡히지 않았습니다. 사장이 제때에 건강 진단을 받게 해 줬으면 그 재봉사는 어린 나이에 폐병에 걸리지 않았을 것입니다. 아니, 환풍기만 제대로 달아 줬어도, 창문만이라도 열게 해 줬어도, 조금만 쉬게 해 줬어도……

그 재봉사는 다음날부터 출근하지 않았습니다. 사장이 치료

비도 제대로 주지 않은 채 해고시켜 버렸기 때문입니다.

이 일은 태일에게 엄청난 충격이었습니다.

'내가 그 가엾은 어린 여공들을 위해 해 줄 수 있는 일이 도대체 뭐가 있단 말인가?'

태일은 냉정한 사장에게 화가 나기도 하고, 힘없는 자신에게 짜증이 나기도 했습니다. 그리고 태일의 고민은 갈수록 커져만 갔습니다.

태일은 문득 아버지가 젊어서 공장에 다닐 때 노동운동을 했다는 사실을 떠올렸습니다. 그래서 태일은 아버지가 술이 깨어 있을 때를 틈타 슬쩍 말을 꺼냈습니다.

"아버지도 옛날에 노동운동을 하셨다죠? 그 때 이야기 좀 들려주세요."

아버지는 깜짝 놀랐습니다. 아버지도 태일이 동료 노동자들을 도우려고 애쓰고 있다는 사실을 어렴풋이 알고 있었습니다. 그래도 설마 태일이 '노동운동'까지 생각하고 있는 줄은 몰랐습니다.

그 때는 박정희가 군사 쿠데타를 일으켜 독재 정치를 하고 있던 시절이어서 국민들은 옳은 말 한마디 제대로 못 한 채 억눌려 살고 있었습니다. 그래서 사람들은 노동운동은 사회를 어지럽히는 아주 위험한 일이고, 그 말을 입에 담기만 해도 감옥에 간다고 믿고 있었지요.

아버지도 젊었을 때 노동운동을 했지만, 경찰들이 노동운동 하는 사람들을 회사에서 몰아 내고 심지어 경찰서로 잡아가는 광경을 많이 보았습니다. 아버지는 태일이 노동운동을 하다가 그런 꼴을 겪게 되지나 않을까 걱정이 되었습니다.

그래서 태일이 옛 이야기를 들려 달라는 말을 꺼내자 아버지는 잘라 말했습니다.

"노동운동은 위험한 거야. 노동자들끼리 아무리 발버둥을 쳐 봐야 조금도 나아지지 않아."

그러나 태일은 계속 아버지를 졸랐습니다.

"어쨌든 좀 들려주세요."

아버지가 직접 들려주지 않아도 언젠가는 태일이 노동운동에 대해 알게 될 것입니다. 그래서 아버지는 차라리 노동운동이 얼마나 위험한지 직접 알려 주는 편이 낫겠다고 생각했습니다.

이 때부터 태일은 틈만 나면 아버지한테 노동운동에 대해 물었습니다. 그러나 얘기를 들으면 들을수록 막막하기만 했습니다. 아버지의 이야기를 듣고 얻은 결론은 겨우 '노동운동은 하기 어렵다'는 사실뿐이었습니다.

그러는 동안 태일은 놀라운 사실 하나를 알게 되었습니다. 그것은 노동자들의 권리를 지켜 주는 법이 있다는 사실입니다. 그것은 바로 '근로기준법'이었습니다. 태일은 당장에 그 책을 사서 보았습니다. 근로기준법을 펼쳐 보자마자 태일은 눈이 휘둥

그래졌습니다.

 근로기준법 42조 : 근로 시간은 하루에 8시간, 일주일에 48시간을 기준으로 한다.
 근로기준법 45조 : 사장은 근로자에게 일주일에 하루 이상 휴일을 주어 쉬도록 해야 한다.

태일은 놀랐습니다. 평화시장의 어린 노동자들은 하루에 무려 14시간, 일주일에 96시간을 일하고 있었습니다. 그런데 근로기준법에는 그 반만 일해도 월급을 받을 수 있다고 되어 있었습니다.

또 평화시장에는 일요일에도 꼬박 일을 합니다. 일 년 내내 줄곧 일하고 또 일해야 합니다. 그런데 근로기준법에는 일요일은 일하지 않고 쉬도록 되어 있었습니다. 만일 사장이 그 법을 지키지 않으면 처벌을 받는다고도 적혀 있었습니다.

태일은 계속 읽어 내려갔습니다.

 근로기준법 56조 : 여자와 18세 미만의 어린 노동자에게는 야간 작업을 시키지 말아야 한다.
 근로기준법 59조 : 여자 노동자들에게는 한 달에 하루씩 또다른 휴가를 주어야 한다.

한 조목 한 조목 짚으며 읽어 갈 때마다 태일은 끓어오르는 분노를 참을 길이 없었습니다. 평화시장에서는 근로기준법 가운데 어느 한 조목도 제대로 지켜지는 것이 없었기 때문입니다. 지금까지 자신과 어린 노동자들은 하나에서 열까지 법에 어긋난 대우를 받아 온 셈입니다. 태일은 기가 막혔습니다.

"그래, 나는 얼마나 바보였던가! 이런 법이 있다는 사실조차 몰랐으니!"

태일은 이제 근로기준법이 있다는 사실은 알았지만, 사장들이 그것을 지키게 하려면 어떻게 해야 할지 막막했습니다.

태일은 어떻게 해서든 근로기준법에 대해서 더 알아야 한다는 생각에 밤늦게까지 책을 읽고 또 읽었습니다. 그러나 학교를 제대로 다니지 못한 태일은 모르는 것이 너무나 많았습니다. 게다가 법률책에는 어려운 낱말과 한문이 왜 그리 많은지……. 태일은 어머니에게 한탄하곤 했습니다.

"어머니, 저에게 많이 배운 친구 한 명만 있다면……. 대학생 친구 한 명만 있다면 원이 없겠어요."

그러나 그 많이 배운 사람들은 늘 태일과는 먼 곳에 있었습니다.

그러던 어느 날, 태일은 한미사에서 쫓겨났습니다.

재단사들은 으레 사장 편을 들게 마련인데, 태일은 꼬박꼬박 노동자들 편만 듭니다. 그러니 사장이 태일을 곱게 볼 까닭이 없었습니다. 그런데 때마침 사장에게 태일을 트집잡을 만한 일이 생겼습니다.

태일은 남들이 다 퇴근한 뒤에 혼자 남아 청소를 하곤 했습니다. 하루 일과가 끝난 뒤의 작업장 청소는 대개 견습공들이 하는 일입니다. 밤 열 시에 일을 마치고 청소까지 하다 보면, 견습공들은 밤 열한 시가 돼야 퇴근할 수 있습니다. 그 늦은 시간에 집으로 돌아가 겨우 대여섯 시간 눈을 붙이고는 새벽에 또다시 작업장으로 달려와야 합니다. 그러다 보니 아침부터 코피를 쏟는 소녀들도 많았습니다.

태일은 그런 모습을 보다못해 작업이 끝나면 견습공 소녀들을 곧바로 퇴근시켰습니다. 그리고 혼자 남아 작업장 청소를 했습니다. 바로 이런 모습을 사장한테 들킨 것입니다.

"야 인마, 재단사면 재단사답게 굴어! 네가 그러니까 견습공 애들이 자꾸 버릇이 없어지잖아!"

사장은 태일에게 마구 욕을 퍼부었습니다.

그러나 태일은 다음날도 견습공 소녀들을 바로 퇴근시켰습니다. 설마 한 번 들키지 두 번 들키랴 싶었던 것이지요. 그런데 공교롭게도 사장에게 또 들켜 버렸습니다.

"사장 말이 말 같지 않다 이거지? 그럼 좋아. 썩 나가! 너 같은 놈은 우리 공장에 필요 없어."

이렇게 해서 태일은 한미사에서 쫓겨나게 되었습니다.

비록 직장에서 쫓겨나기는 했지만 그 무렵 태일의 가슴속에는 작은 희망의 불씨가 자라고 있었습니다. 그것은 하루하루 시들어 가는 평화시장의 어린 여공들을 고된 노동에서 구할 수 있을지도 모른다는 희망이었습니다. 그 희망의 불씨를 꺼뜨리지 않으려고 태일은 근로기준법을 읽고 또 읽었습니다.

우리는 바보다

여러분은 이따금 가난한 사람들을 볼 때가 있을 것입니다. 그 때 여러분은 어쩌면 어른들에게 자주 듣던, "너 그렇게 공부도 않고 게으름만 피우다간 나중에 가난뱅이로 산다"는 말을 떠올릴지도 모릅니다. 그래서 여러분은 이렇게 생각할지도 모릅니다.

"저 사람은 게으르기 때문에 가난한 거야."

그러나 과연 그럴까요?

만일 여러분이 그 사람의 하루를 주의 깊게 관찰한다면 생각이 달라질 것입니다.

그 사람은 게으르기는커녕 온종일 일만 합니다. 가난하기 때문에 남들보다 세 배, 네 배 더 일을 합니다. 그런데도 좀처럼 가난에서 벗어나지 못합니다.

 그렇다면 여러분은 좀 이상하다는 생각이 들 것입니다.

 그렇게 부지런히 일하는데 그 사람은 어째서 늘 가난하기만 할까요? 타고난 팔자 때문일까요? 아니면 그 밖에 무슨 까닭이 있을까요?

 태일의 고민도 바로 이런 의문에서 시작됩니다. 평화시장의 어린 여공들은 일요일에도 쉬지 않고 아침 여덟 시부터 밤 열 시까지 열네 시간씩 일을 합니다. 그렇게 부지런히 일하는데도 점심조차 제대로 먹지 못합니다. 도대체 무엇 때문일까요?

 이것은 태일이 불행했던 어린 시절부터 늘 떠올렸던 의문입니다. 태일은 아직 그 의문을 풀지 못했습니다.

 그러나 근로기준법을 읽으면서 태일은 그 실마리를 조금씩 찾아가기 시작했습니다. 노동자들한테 당연히 해 주어야 할 대우를 사장들은 전혀 해 주지 않고 있었습니다. 그래서 노동자들은 늘 가난해야 했고, 사장들만 점점 부자가 되어 가고 있었던 것이지요.

 태일은 여기까지는 알 수 있었지만, 어떻게 해야 이런 문제를 해결할 수 있는지는 알 수가 없었습니다. 그래서 늘 답답하고 괴로웠습니다. 어린 여공들이 고통받는 모습을 볼 때마다 어떻게 해서든 도울 방법을 찾으려고 몸부림쳤습니다.

 그래서 태일은 평화시장에서 일하는 노동자들 가운데 자기와

같은 고민을 하고 있는 사람들을 찾기 시작했습니다. 함께 고민을 나누면 뭔가 방법이 있지 않을까 싶었기 때문이지요.

태일은 이웃 공장의 재단사들을 만날 때마다 어린 여공들이 겪는 고통에 대해서 이야기했습니다. 그러면 그들은 이렇게 말합니다.

"나도 그 애들이 비참하게 사는 모습을 보면 가슴이 아파. 하지만 어쩌겠니? 우리야 그저 사장이 시키는 대로 일하고 주는 대로 받는 수밖에 없잖아?"

그러면 태일은 근로기준법에 대해 설명해 줍니다.

"아니야. 나도 처음엔 그렇게 생각했는데 사실은 그게 아니더라고. 하루에 여덟 시간만 일하고 일요일은 쉬어도 월급을 줘야 한다고 법으로 정해져 있어. 그 법을 지키지 않으면 사장도 벌을 받는대. 그걸 우리가 바보처럼 지금까지 모르고 있었을 뿐이야."

동료 재단사들은 그 말을 듣고 눈이 휘둥그레집니다.

"뭐? 정말이야? 그럼 우리가 여태껏 속아 살아온 거잖아?"

어떤 재단사는 주먹까지 쥐고 분개합니다.

"아무리 우리가 못 배워 무식하다고 해도 어떻게 그럴 수가 있지? 이런 일은 마땅히 고쳐야만 해. 더 이상 참을 수 없어!"

이렇게 해서 태일과 뜻을 함께하는 재단사들이 하나 둘씩 늘어났습니다. 그들은 너나 할 것 없이 평화시장 노동자들의 비참한 현실을 잘 알고 있었기 때문이지요.

그러나 초등학교조차 제대로 다니지 못한 그들이 까다로운 법률을 잘 알 리가 없습니다. 근로기준법이 있다는 사실은 알았지만, 어떻게 해야 사장이 그 법을 지키게 할 수 있는지, 그 법을 지키지 않는 사장이 있다면 어떻게 고발해야 하는지, 아는 사람은 아무도 없었습니다.

그래서 그들은 함께 모여 공부하면서 방법을 찾아보기로 했습니다.

그러던 어느 날, 태일의 집에 불행이 닥쳤습니다. 아버지가 갑자기 쓰러져 돌아가신 것입니다.

아버지는 '고혈압'이라는 병을 앓고 있었습니다. 어느 순간 혈압이 높아지면 갑작스레 목숨을 잃을 수 있는 병이지요. 아버지가 갑자기 쓰러졌기 때문에 태일 남매는 아무도 임종을 지켜보지 못했습니다.

아버지는 자리에 누워 어머니에게 말했습니다.

"여보, 미안하오. 내가 못난 탓에 평생 당신을 고생만 시켰구려."

그러면서 아버지는 어머니에게 자신이 베고 있던 베개를 뜯어 보라고 했습니다. 어머니가 베개를 뜯어 보니 꼬깃꼬깃 접힌 종이돈이 여러 장 나왔습니다.

어머니는 깜짝 놀라 물었습니다.

"이게 웬 돈이에요?"

아버지 눈에서 눈물 방울이 굴러 떨어졌습니다.

"태일이 녀석이 나더러 안주 없이 술 마시면 속 버린다고 달마다 몰래……. 하지만 내가 그 돈으로 어떻게 술을 마시겠소."

자신의 술주정 때문에 식구들이 얼마나 고통을 받아 왔는지, 아버지도 스스로 잘 알고 있었습니다. 그런데 태일은 그런 아버지를 미워하기는커녕 도리어 건강을 염려하여 조금씩 용돈까지 주었던 것입니다. 그런 돈을 쓰기가 죄스러워 아버지는 술을 딱 끊고 태일이 준 돈을 베개 속에 모아 두었던 것이지요.

아버지는 눈을 감기 직전에 어머니 손을 꼬옥 잡았습니다.

"여보…… 당신은 남편은 잘못 만났지만, 자식 하나는 잘 둔 것 같아. 태일이 녀석 하는 일을 너무 말리지 마오……."

아버지는 평생토록 가난과 술에 시달리다가 이렇게 한 많은 일생을 마쳤습니다.

아버지 장례식이 끝난 뒤로 태일은 동료 재단사들을 자주 집에 데려왔습니다. 그들과 함께 꼬박 밤을 새워 토론도 하고 공부도 했습니다.

이런 태일의 모습을 보자 어머니는 가슴이 두근거렸습니다.

'드디어 올 것이 왔구나.'

어머니는 왠지 모를 불안에 휩싸여 아들과 그 친구들이 하는 일을 지켜보았습니다.

태일과 동료 재단사들은 서로 뜻을 모아 모임을 만들기로 했습니다. 고된 노동으로 시들어 가는 평화시장 노동자들이 사람다운 삶을 살도록 해 보자는 결의도 다졌습니다.

모임 이름은 태일이 제안했습니다.

"제가 노동운동을 하겠다니까 어떤 선배 재단사는 바보 같은 짓 하지 말라고 하더군요. 우리가 아무리 발버둥쳐도 결국 손해만 본다는 겁니다. 그래요, 우리는 어차피 바보예요. 아무것도 모르는 채 평생 기계처럼 일만 해 왔으니 말입니다. 하지만 어차피 바보일 바에야 기계처럼 일만 하는 바보보다 사람답게 살려고 노력하는 바보가 더 낫지 않겠어요? 그런 뜻에서 우리 모임 이름을 '바보회'라고 짓는 게 어떻겠습니까?"

태일의 말을 숙연하게 듣고 있던 재단사들은 박수를 치며 좋아했습니다.

이렇게 해서 태일과 평화시장 재단사들의 모임은 '바보회'가 되었습니다. 그리고 바보회 회장으로는 태일이 뽑혔습니다.

바보회 회원들은 틈만 나면 모여서 근로기준법을 공부했습니다. 노동자들을 위해 만들었다는 책이 왜 그리 어려운지, 아무리 읽어 봐도 도무지 알 수 없는 부분이 많았습니다. 심지어 한문으로 적어 놓아 아예 읽을 수조차 없는 구절도 많았습니다.

바보회를 창립할 즈음, 평화시장 옥상에서 찍은 사진입니다.

전태일이 바보회 회장이 되어 만든 명함.

그렇게 막힐 때마다 태일은 또 입버릇처럼 한탄합니다.

"나한테 대학생 친구 한 명만 있다면, 속 시원히 가르쳐 줄 친구 한 명만 있다면……."

바보회 회원들은 이렇게 어렵사리 공부하여 얻은 지식을 동료 노동자들에게 조금씩 알려 주었습니다. 그 결과 많은 노동자들이 바보회의 활동에 관심을 갖게 되었습니다.

태일은 더욱 열심히 뛰었습니다. 일을 하다가 쉬는 시간에나, 집에 돌아와서나, 버스 안에서나, 틈만 나면 근로기준법을 읽었습니다. 그리고 새로 배운 사실은 꼬박꼬박 어머니에게 알려 주었습니다.

사실 태일한테 날마다 근로기준법 수업을 받아야 하는 어머니는 지겹기도 합니다. 너무 졸립고 피곤할 때면 어머니는,

"에이그, 근로기준법인지 뭔지는 너나 실컷 공부해라. 내가 그런 것 안다고 돈이 생기냐, 밥이 생기냐?"

하고 짜증을 내며 자리에 드러누워 버리기도 합니다. 그러면 태일은 갑자기 심각한 표정을 지으며 말합니다.

"어머니, 지금 꼭 알아 두셔야 해요. 안 그러면 나중에 후회할 일이 생길지도 몰라요."

태일이 이렇게 말하는 소리를 들으면 어머니는 가슴이 섬뜩해집니다.

"얘, 너 꼭 당장 죽을 사람처럼 그게 무슨 소리냐? 나중에 후

회하다니? 그럼 나중에는 엄마한테 못 가르쳐 줄 사정이라도 생긴단 말이냐?"

어머니가 다그치면 태일은 씩 웃으며 말을 얼버무립니다.

"그냥 한 말이에요."

그러나 어머니에게는 그냥 한 말로 들리지 않고 왠지 모르게 불안합니다. 남을 돕는 일이라면 언제나 발벗고 나서는 아들의 성격을 누구보다 잘 알고 있기 때문이지요.

태일과 바보회의 활동은 단지 공부하는 데에만 그치지 않았습니다. 그들은 먼저 평화시장 노동자들이 어떤 환경에서 일하고 있는지 제대로 알아보기로 했습니다. 그래서 그들은 설문지를 만들어 평화시장 노동자들에게 몰래 나눠 주었습니다.

그러다가 사장들한테 들키기라도 하면 야단이 납니다. 욕을 퍼붓기도 하고, 설문지를 빼앗아 박박 찢어 버리기도 합니다. 심지어 설문지를 받은 노동자한테까지 호통을 쳤습니다.

3백 장이나 만든 설문지 가운데 거둬들인 것은 겨우 30장뿐이었습니다. 이런 형편 없는 결과를 얻느라 태일과 바보회 동료들은 평화시장 사장들한테 '위험 인물', '불순분자'로 낙인찍히고 말았습니다.

태일과 바보회 동료들은 거둬들인 설문 응답지를 들고 시청에 있는 근로감독관을 찾아가 보기로 했습니다.

'근로감독관'이란 노동자들이 직장에서 부당한 대우를 받지 않도록 감독하는 사람입니다. 노동자들의 이익을 지켜 주고, 근로기준법을 지키지 않는 사장들이 있다면 법에 고발하는 일을 해야 하는 사람이지요. 그래서 태일은 근로감독관에게 평화시장 노동자들의 현실을 알려 주면 뭔가 대책을 세워 주리라 기대했던 것입니다. 그러나 근로감독관은 노동자 편이 아니었습니다.

태일과 동료들이 시청 근로감독관 방에 들어서자, 근로감독관은 그들의 초라한 몰골부터 흘끗 살펴보며 물었습니다.

"무슨 일들이오?"

태일은 차분하게 말을 꺼냈습니다.

"저희는 청계천 평화시장에서 일하는 노동자들인데, 저희들이 일하는 공장의 실태를 말씀드리고 도움을 받으려고 왔습니다. 평화시장 피복 공장에서 일하는 대부분의 어린 여공들은 하루에 열네 시간씩 일하며……."

그러자 근로감독관은 손을 휘휘 내저으며 태일의 말을 잘랐습니다.

"아아, 요점만 간단히 말해요. 나는 그 얘기를 다 듣고 있을 만큼 시간이 많은 사람이 아니야."

그래서 태일은 몇 가지 중요한 얘기만 하려고 했으나, 근로감독관은 그나마도 제대로 듣지 않고 귀찮아했습니다.

"그러니까 이게 설문 조사를 한 결과란 말이지? 알았소. 나중에 읽어 볼 테니 책상 위에 올려놓고 가요."

근로감독관은 얘기를 다 듣지 않아도 평화시장 노동자들의 실태를 다 알고 있다는 투였습니다.

태일은 근로감독관의 태도에 큰 충격을 받았습니다. 근로감독관은 평화시장의 모든 실태를 이미 알고 있으면서 아무런 고발이나 개선 노력도 하지 않았던 것입니다.

쫓겨나다시피 시청을 나온 태일과 바보회 동료들은 아무도 입을 열려고 하지 않았습니다. 모두들 너무 큰 충격을 받았기 때문입니다.

근로기준법을 처음 발견했을 때, 태일은 얼마나 기뻤는지 모릅니다. 그리고 그 법에 자신과 어린 여공들의 희망을 모두 걸었습니다. 그러나 알고 보니 근로기준법은 있으나마나였습니다. 법을 어겨도 아무런 벌도 받지 않는다면, 누가 그 법을 지키겠습니까?

'그렇다면 근로기준법은 도대체 왜 있는가? 근로감독관이라는 사람은 무슨 일을 하는 사람인가?'

태일은 더욱 답답해질 뿐이었습니다.

그 때 바보회 동료 하나가 침울하게 말했습니다.

"우린 정말 바보였어. 세상에 우리같이 가난하고 힘없는 노동자들을 도와줄 법이 도대체 어디 있단 말이야? 누가 우리 편을 들어주겠어? 결국 언제나 깨지고 멍드는 것은 우리뿐이야."
　태일은 막막했습니다. 어디서부터 어떻게 손을 써야 좋을지 몰랐습니다. 싸워야 할 상대가 단지 근로기준법을 지키지 않는 사장들만은 아니라는 생각이 들었기 때문입니다.

어린 동심들 곁으로

 태일이 노동자들을 위해 일한다는 소문이 퍼지자, 사장은 태일을 해고해 버렸습니다. 그뿐 아니라 다른 공장 사장들도 태일과 같은 '위험 인물'은 평화시장에서 일하게 해서는 안 된다고 모의했습니다. 그래서 태일은 평화시장 안에서는 아무 데도 취직할 수 없게 되었습니다.
 집안 생계를 떠맡아야 할 가장인 태일에게 적지 않은 시련이었습니다. 태일은 직장을 구하려고 여기저기 돌아다니다 밤늦게야 집에 돌아오곤 했습니다. 그리고 풀이 죽은 목소리로 어머니에게 하소연합니다.
 "어머니, 다들 왜 그러는지 모르겠어요. 제가 나쁜 일을 한 것도 아닌데, 평화시장에서는 도저히 일자리를 얻을 수가 없어요."

어머니도 태일이 나쁜 일을 하지 않았다는 사실을 잘 알고 있습니다. 나쁜 쪽은 오히려 사장들이지요. 하지만 당장 노동자에게 일자리를 주는 사람은 사장이니 어쩌겠습니까?

어머니는 한숨을 쉬며 말합니다.

"그것 봐라. 네 뜻도 좋다만 결국 누구 하나 알아주는 사람이 있던? 공연히 사서 고생하지 말고 이제 그만두는 게 어떠니?"

어머니는 아들의 장한 뜻은 알지만, 당장 아들이 겪는 시련이 가슴아팠던 것이지요.

평화시장에 발을 들일 수 없게 되자 태일은 공사장에 나가 일했습니다. 삽으로 땅을 파고 지게로 모래나 벽돌을 지어 나르는 고된 일이었습니다.

이렇게 고된 일을 하며 받는 대우는 정말 형편 없었습니다. 점심 식사라고 주는 것이 비스킷보다 조금 큰 빵 두 개였습니다. 한창 먹성 좋은 스물한 살 청년이 겨우 이런 빵 두 개를 먹고 막노동을 하자니 견딜 수 없이 배가 고팠습니다.

그러나 태일은 몸보다 마음이 더 힘들었습니다. 비록 몸은 공사장에서 막노동을 하고 있어도 마음은 언제나 평화시장의 어린 여공들 곁에 가 있었기 때문입니다.

태일은 친구에게 보낸 편지에 자신의 답답한 마음을 이렇게 털어놓기도 했습니다.

공사장 막일꾼으로 일하러 다닐 때 모습입니다. 오른쪽이 전태일입니다.

……이제 겨우 열네 살이 된 어린아이가 아침부터 퇴근 시간까지 그 힘에 겨운 작업량을 제 시간에 빨리 못 해서 상관인 재봉사들에게 꾸중을 듣고, 점심 시간이면 싸 가지고 온 도시락을 먹는데 코끼리가 비스킷을 먹는 정도의 양밖에 안 될 거야.
　부잣집 자녀들 같으면 집에서 아버지 어머니 앞에서 한창 재롱이나 떨 나이에, 생존 경쟁이라는 없어도 될 악마는 이 어린 동심에게 너무나 가혹한 매질을 하고 있네. ……

　생존 경쟁이라는 악마! 태일은 평화시장 어린 여공들의 비참한 삶이 정말 악마의 저주 때문인 것만 같습니다. 그 악마는 어른이든 어린이든 가리지 않고 "빨리 부자가 되라!" "돈을 많이 모아라!" 채찍을 갈깁니다. 생존 경쟁에서 살아 남은 사람들은 따뜻한 햇볕을 즐기느라 다른 사람들의 고통을 못 보며, 생존 경쟁에서 밀려난 사람들은 사회의 그늘 속에서 시름시름 시들어 갑니다. 없어도 될 악마, 어린 동심에 가혹한 매질을 하고 있는 악마, 태일은 그 악마를 물리치고 싶습니다.
　'어떻게 해서든 평화시장의 비참한 현실을 온 국민들에게 알려야 해. 그래야만 그 가엾은 어린 여공들이 사람답게 살 수 있어. 하지만…… 하지만 도대체 어떻게 해야 그걸 알릴 수 있을까?'
　태일은 날이 갈수록 말수가 적어졌습니다. 그토록 발버둥쳤

건만 현실은 장벽처럼 꿈쩍도 하지 않았습니다.

그러던 어느 날, 태일은 수도원을 지으려고 산을 깎는 공사장에 들어가기로 마음먹었습니다. 그 곳에 들어가면 한동안 산에서 내려오기 어려울 것입니다. 태일은 차라리 그 편이 마음 편하겠다고 생각했습니다.

어머니는 그 공사가 너무 힘들다는 것을 알고 있었기 때문에 태일을 말렸습니다.

"얘야, 하필이면 꼭 그런 고된 일을 할 필요가 뭐가 있니?"

어머니의 걱정에 태일은 말했습니다.

"이대로 있다가는 병이 나거나 미쳐 버릴 것만 같아요. 산 속에 들어가서 힘든 일을 하며 생각 좀 정리해 보겠어요."

그러나 어머니는 아무래도 마음이 놓이지 않았습니다.

산에 들어간 태일은 모든 것을 잊으려고 오직 일만 했습니다. 산을 깎아 집 지을 터를 만드는 일은 여간 힘든 일이 아닙니다. 땅을 파다가 바위가 나오면 깨뜨려야 했고, 나무 둥치가 있으면 뿌리째 캐내야 했습니다. 힘들여 터를 닦은 뒤에도 집을 지으려면 무거운 재료를 산 밑에서부터 짊어지고 올라가야 합니다. 태일은 이런 일을 하다가 몇 번이나 손을 다쳐 피투성이가 되곤 했습니다.

열심히 일에만 매달렸지만 평화시장의 일들은 쉽게 잊혀지지 않았습니다.

폐병에 걸려 피를 토하고 쓰러진 어린 여자 재봉사가 떠오릅니다. 잠 안 오는 약을 너무 먹은 탓에 손발이 마비되어 버린 견습공 소녀도 떠오릅니다. 점심을 굶고 우두커니 앉아 있는 소녀들, 아침마다 코피를 쏟는 소녀들……. 태일은 이런 모습들이 떠오를 때마다 잠을 못 이루고 몸부림칩니다.

공사장에 들어온 지 넉 달쯤 지나자 태일은 더 이상 견딜 수 없었습니다.

'도대체 남을 돕는 일에 자기 희생이 따르지 않는 경우가 어디 있단 말인가. 예수는 무엇 때문에 십자가에 매달려 죽었던가? 일본 침략에 맞서 싸우다 죽은 독립군은 또 얼마나 많았던가? 나는 지금까지 평화시장의 어린 여공들을 위해 어떤 희생을 했던가? 아무 희생도 없이 그들의 삶이 나아지기만을 바라다니!'

태일은 그 날 밤 일기에 이렇게 적었습니다.

나는 돌아가야 한다.
내 마음의 고향으로, 내 꿈의 전부인 평화시장의 어린 동심들 곁으로…….
내가 내 생명을 바쳐 돌보지 않으면 안 될, 나약한 그들의 곁으로……. 나를 버리고, 나를 죽이고 가마.
조금만 참고 견뎌라.

너희들을 위해 나약한 나를 바치마.

　내 마음의 결단을 내린 이 날, 무고한 생명체들이 시들고 있는 이 때에, 한 방울의 이슬이 되기 위하여 발버둥치오니…….

　하느님, 긍휼과 자비를 베푸소서.

다음날, 태일은 마음을 굳게 다지고 산에서 내려왔습니다.

작은 승리, 큰 절망

　평화시장에서 쫓겨난 지 일 년쯤 지나자 태일에 대한 소문도 가라앉았습니다. 그래서 태일은 큰 어려움 없이 다시 평화시장에 재단사로 취직할 수 있었습니다.
　취직이 되자 태일은 다시 활동을 시작했습니다. 예전의 바보회 동료들도 다시 만났습니다. 그 동안 군대에 간 친구도 있고, 다른 곳에 취직해서 평화시장을 떠난 친구도 있었습니다. 그러나 태일과 뜻을 함께하는 다른 재단사들이 새로 들어와 회원은 열두 명이 되었습니다.
　근로감독관이 노동자 편이 아니라는 사실을 뼈저리게 깨달은 태일은 다른 방법을 찾기로 했습니다. 무엇보다 급한 일은 어떻게 해서든 평화시장의 비참한 현실을 온 국민에게 알리는 일이었습니다.

태일은 방송국을 찾아가 보았습니다. 그러나 방송국 담당자들도 태일의 부탁을 거절했습니다. 아무 근거 없는 얘기를 보도할 수는 없다는 것이었습니다. 3만 명이나 되는 평화시장 노동자들이 하루하루 비참한 삶을 살아가고 있는데도 방송국에서는 제대로 알아볼 생각도 하지 않고 '아무 근거 없는 얘기'로 단정해 버렸습니다. 방송국 또한 노동자 편은 아니었습니다.

그러나 태일은 실망하지 않았습니다. 누군가, 어딘가에는 반드시 노동자 편이 되어 줄 사람이 있으리라는 희망을 갖고 있었습니다. 그래서 태일은 노동청(지금의 노동부)이건 시청이건 가리지 않고 어디든지 찾아가 평화시장의 비참한 현실을 호소했습니다.

태일의 그런 노력은 성과가 있었습니다. 태일이 노동청에 들렀다가 나오는 길에 우연히 신문 기자 한 사람과 마주치게 되었습니다. 태일은 앞뒤 가릴 것 없이 무조건 그 기자를 붙잡고 기사를 실어 달라고 부탁했습니다.

뜻밖에도 그 신문 기자는 태일의 말을 귀기울여 듣더니 몇 가지 도움말을 해 주었습니다.

"평화시장 노동자가 3만 명이나 된다면 그 실태를 제대로 파악해야 해요. 설문 조사도 겨우 서른 장의 응답지로는 아무 설득력이 없어요. 좀더 많은 설문 응답지를 받도록 해 보세요. 그

것을 먼저 노동청에 보내고, 다음엔 저희 신문사로 보내세요. 그러면 저도 힘닿는 데까지 도울게요."

그 말만 듣고도 태일은 뛸 듯이 기뻤습니다. 그 동안 태일은 가는 곳마다 도움은커녕 냉대만 받아 왔기 때문입니다. 그런데 설문 응답지만 제대로 작성해 오면 신문에 실어 주겠다니 얼마나 반가운 일입니까.

태일은 바보회 동료들에게 신문 기자한테 들었던 말을 전해 주고, 다시 한 번 설문 조사를 하자고 했습니다. 태일의 말을 들은 동료들도 모두 희망에 들떴습니다. 어떤 친구는 이렇게 말하기도 했습니다.

"우리, 이제 새로 출발한다는 뜻에서 이름도 바꾸는 게 어때? 우리가 언제까지나 바보로 있을 수만은 없잖아?"

그 말에 모두 찬성하여 바보회를 '삼동 친목회'로 바꾸기로 했습니다. '삼동'이란 평화시장, 동화상가, 통일상가, 이렇게 세 동의 건물을 뜻하는 이름입니다.

삼동회 동료들은 다시 설문지를 돌렸습니다. 예전에 실패한 경험을 되살려 이번에는 좀더 주의를 기울였습니다. 태일과 동료들은 사장들의 방해를 피하기 위해 아는 사람들한테 설문지를 한 장씩 나누어 주었습니다.

노동자들은 설문지를 돌리며 소곤거렸습니다.

"애, 이건 삼동회에서 작성해 달라는 설문지야. 잘만 하면 우리가 받고 있는 부당한 대우가 고쳐질 수도 있대. 대신 사장들 눈에 띄지 않도록 조심해야 해."

그렇게 하다 보니 삼동회의 뜻이 노동자들 사이에 자연스럽게 알려지게 되었습니다.

마침내 다시 거두어들인 설문 응답지는 지난번보다 몇 배나 많은 126장이나 되었습니다. 삼동회 회원들은 밤을 새워 가며 설문 조사 결과를 검토하고 정리했습니다.

아니나다를까, 결과는 아주 놀라웠습니다. 거의 모든 노동자가 하루에 열네 시간, 심하면 열여섯 시간이나 일을 하고 있었습니다. 게다가 나쁜 작업 환경 때문에 생기는 병도 많았습니다. 열 명 중 여덟 명꼴로 폐병이나 기침, 천식 따위의 병을 앓고 있었고, 위장병을 앓는 사람도 그만큼 되었습니다.

태일과 동료들은 작업 환경 실태도 조사했습니다. 환기 시설을 갖춘 공장은 단 한 군데도 없었으며, 노동자 2천 명이 일하는 건물에 화장실은 겨우 세 개뿐이었습니다. 다락방을 만드느라 창을 막았기 때문에 대부분의 작업장에는 햇볕 한 줌 들어오지 않았습니다.

다 알고 있던 사실이지만 다시 정리해 놓고 보니 더욱 기가 막혔습니다. 그 자료를 보며 동료 한 사람이 말했습니다.

"아마 돼지우리 속의 돼지나 닭장 속의 닭들도 이보다는 더 나은 환경에서 살 거야."

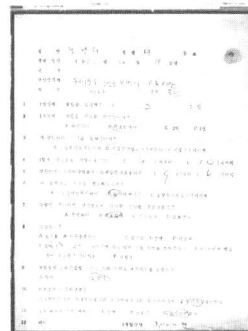 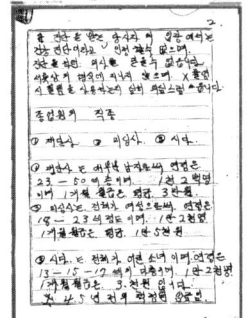

1970년, 평화시장 실태 조사를 위해 돌렸던 설문지와 전태일이 해당 기관에 낸 진정서입니다.

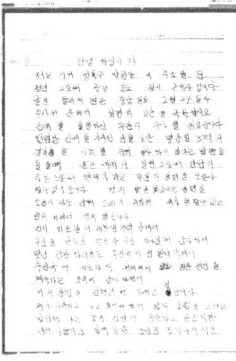 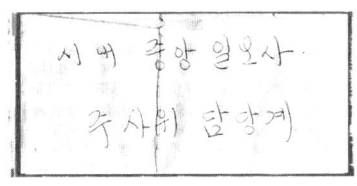

중앙일보 주사위 란에 원고를 넣어 보낸 편지 봉투와 원고 내용입니다.

당시 재단사, 재봉사, 견습공들의 참혹한 노동 현실을 낱낱이 밝혀 대통령에게 보낸 편지입니다.

태일과 동료들은 평화시장 노동자들의 실태를 글로 적어 한 통은 노동청으로, 다른 한 통은 신문 기자에게 보냈습니다.

며칠 뒤 태일은 벅찬 감격을 맛보게 되었습니다. 석간 신문에 평화시장의 실태를 알리는 큼지막한 기사가 실렸던 것입니다.

'골방에서 하루 16시간 노동.'

이런 제목의 기사 밑에는 작은 제목도 달려 있었습니다.

'근로 조건, 빵점…… 평화시장 피복 공장.'

'소녀 등 2만 명 혹사당해 거의 직업병…….'

'노동청, 뒤늦게야 고발하기로.'

삼동회 회원들은 이 신문 기사를 보고 서로 얼싸안고 기뻐했습니다. 겨우 기사 하나 난 것뿐인데, 그것만으로도 너무나 감격스러웠습니다. 자신들의 노력이 결코 헛되지 않았다는 기쁨, 노동자 편이 되어 준 누군가가 있다는 기쁨 때문에 어쩔 줄을 몰라 했습니다.

삼동회 회원들은 신문 보급소에 가서 자기 손목시계를 맡기고 신문을 얻어 왔습니다. 그리고 평화시장 안을 뛰어다니며 노동자들에게 신문을 팔았습니다. 그 신문을 펼쳐 보는 노동자들 또한 감격에 겨워 어쩔 줄을 몰라 했습니다. 어떤 노동자는 신문 한 장 값으로 천 원을 털어 주기까지 했습니다.

평화시장은 한동안 이 사건으로 떠들썩했습니다. 만나는 사람마다 신문 기사 얘기를 하며 태일과 삼동회를 칭찬했습니다.

신문 기사가 나가자 발칵 뒤집힌 곳은 평화시장뿐이 아니었습니다. 가장 발칵 뒤집힌 곳은 노동청이었습니다. 노동청은 원래 노동자들을 돕기 위해 만든 기관입니다. 그런 노동청에서 평화시장 노동자들이 그렇게 비참한 삶을 살기까지 아무 일도 하지 않고 있었으니, 국민들의 비판을 한 몸에 받을 수밖에 없었지요.

태일이 발이 닳도록 노동청에 찾아갔지만 그 때마다 푸대접만 받았을 뿐입니다. 그런데 기사가 나가자 노동청 근로감독관이 직접 태일을 만나러 오기도 했습니다. 그러고는 태일에게 '모범 청년'이라는 둥 '상을 주겠다'는 둥 아부를 하는 것이었습니다.

평화시장 사장들도 난리가 났습니다. 국민들의 비판에 몰린 노동청이 마지못해 평화시장 사장들을 고발하겠다고 나섰기 때문입니다. 그제야 평화시장 사장들도 삼동회 회원들에게 "만나서 얘기 좀 하자"고 부탁을 해 왔습니다.

그런데 노동청에서 이렇게 평화시장 문제를 해결하려고 뒤늦게 나선 데에는 다 그만한 이유가 있었습니다. 평화시장에 대한 기사가 신문에 실릴 즈음, 때마침 대통령 선거가 다가오고 있었기 때문입니다. 대통령 선거를 앞두고 정부에 대한 국민들의 비판이 거세지면 국민들은 정부 여당 후보에게 표를 주지 않을 게 뻔합니다. 그래서 노동청은 하루라도 빨리 국민들의 비판을 잠

재우려고 평화시장 문제를 해결하려 했던 것이지요.

　게다가 연말이 가까워 오면서 국회에서는 정부의 각 부서를 '감사'(정부의 한 해 업무를 조사하고 감독하는 일)하고 있었습니다. 대통령 선거를 앞두고 하는 감사라 국회의원들은 저마다 목청을 높여 정부의 정책을 하나하나 비판하고 공격했습니다. 그래야만 국민들의 지지를 얻을 수 있을 테니까요.

　이런 때에 신문에 실린 평화시장 기사는 아주 좋은 공박거리가 될 것이 뻔합니다. 그래서 노동청은 감사가 닥치기 전에 어떻게 해서든 평화시장 문제를 마무리하려고 애썼습니다.

　그러나 여태껏 내버려 두었던 평화시장 문제를 하루 아침에 해결한다는 것은 불가능한 일입니다. 그래서 시간을 질질 끄는 작전을 쓰려고 했습니다.

　신문에 기사가 실려 좋아하고 있던 태일과 삼동회 회원들은 날이 갈수록 실망했습니다. 노동청이나 평화시장 사장들은 만나기만 하면 환풍기를 달아 주겠다, 노동 시간을 줄여 주겠다, 형광등을 더 달아 조명을 밝게 해 주겠다고 약속합니다. 그러나 실제로 해 주는 것은 하나도 없었습니다.

　문제가 해결될 기미를 보이지 않자 태일은 초조해졌습니다. 국회 감사가 끝나고 대통령 선거도 끝나면 노동청과 평화시장 사장들은 "내가 언제 그런 약속을 했느냐"며 딱 잡아뗄 게 뻔합니다. 그리고 태일과 동료들이 그렇게 애쓴 덕에 실렸던 신문 기사는 없었던 일처럼 파묻혀 버릴지도 모릅니다.

태일은 삼동회 동료들을 불러모았습니다. 그리고 국회 감사를 하는 날에 맞춰 국회 의사당 앞에서 시위를 벌여야 한다고 주장했습니다.

"국회 감사가 끝나면 모든 일이 헛수고가 될 거야. 다음엔 누가 우리 문제를 알아주겠어? 이 기회를 놓쳐선 안 돼."

그래서 태일과 동료들은 시위를 벌일 계획을 짰습니다.

그런데 어떻게 알았는지 노동청에서 이 계획을 먼저 알아차렸습니다. 하루는 근로감독관이 태일을 찾아와서 통사정을 했습니다.

"앞으로는 사장들을 철저히 감시해서 절대 근로기준법을 어기지 못하게 할 테니, 제발 며칠 동안만 참아 주세요. 여러분이 바라는 것은 무엇이든 다 들어줄게요."

근로감독관은 비굴할 정도로 애원했습니다. 예전에 태일과 바보회 동료들이 찾아갔을 때 거드름 피우던 모습은 찾아볼 수도 없었습니다. 태일과 동료들은 그 모습을 보고 한 번 더 참아 보자고 의견을 모았습니다.

국회 감사가 끝난 다음날, 태일은 다시 근로감독관을 찾아갔습니다. 근로감독관은 난처하다는 표정을 지으며 태일을 음식점으로 데려갔습니다.

"당신들 요구는 처음부터 너무 무리한 것이어서 내 힘으로는 어쩔 수가 없소. 그러니 일찌감치 포기하고 마음잡으시오. 대신 당신한테만은 특별히 편안하게 일할 수 있는 좋은 직장을 알아봐 주지.”

하루 전과 하루 뒤의 태도가 완전히 딴판이었습니다. 기가 막힌 태일이 따져 물었습니다.

“아니, 모든 걸 다 들어주겠다고 우리와 분명히 약속까지 했잖아요?”

그러자 근로감독관은 벌컥 화를 냈습니다.

“어허, 거 젊은 친구가 되게 말귀를 못 알아듣네. 그래서 어쩌겠다는 거야? 그럼 이제 국회 앞에 가서 시위를 하든지 말든지 마음대로 해!”

태일은 어이가 없었습니다. 태일이 삼동회 동료들에게 이 이야기를 전하자 모두들 분개했습니다.

“볼 게 뭐 있어? 내일 당장 사람들을 모아 시위를 벌이는 거야!”

그러나 태일은 침착하게 말했습니다.

“국회 감사가 끝났으니 지금 시위를 해 봤자 별 소용도 없을 거야. 그러니 시위를 하려면 이번엔 준비를 철저하게 해야 돼.”

태일과 동료들은 목소리를 낮추어 시위 계획을 짰습니다. 무엇보다 중요한 일은, 시위한다는 사실을 널리 알려 많은 노동자들이 참여하게 하는 일입니다. 그러나 만일 시위한다는 사실이 사장들의 귀에 들어갔다가는 분명히 방해받게 될 것입니다. 그래서 회원 한 명에 노동자 열 명씩 책임지고, 따로따로 시위 계획을 알려 나가기로 했습니다.

"시위 날짜는 사흘 뒤로 잡고, 점심 시간인 한 시에 평화시장 앞에 있는 은행 가까이 모이도록 해. 그리고 신문 기자에게 취재하러 와 달라는 부탁은 그 날 아침에 하도록 하자. 시위 계획이 사장들 귀에 들어가지 않도록 각별히 주의하고……."

삼동회 동료들은 이렇게 결의하고 시위 날만 기다렸습니다.

시위하기로 한 날 점심 시간이 되었습니다. 은행 가까이에 노동자들이 하나 둘씩 모여들기 시작했습니다.

그런데 이상한 일이 일어났습니다. 시위 계획을 어떻게 눈치 챘는지, 평화시장 경비원들이 곤봉을 들고 은행 앞길로 통하는 골목이란 골목은 죄다 막아 버렸습니다. 물론 시장 경비원들에게 이런 일을 시킬 수 있는 사람은 사장들밖에 없습니다. 노동자들 몇몇이 모여서 웅성거리기만 해도 경비원들은 곤봉을 휘두르며 으름장을 놓았습니다. 어떤 공장에서는 한 시가 되자 아예 공장 문을 잠가 노동자들을 나가지 못하게 하기도 했습니다.

시위 계획이 새어나간 것이 틀림없었습니다.

"도대체 누가 시위 계획을 사장들에게 일러바친 거야?"

시위 계획이 틀어지자 삼동회 회원들은 당황했습니다.

그 때, 누군가가 평화시장 건물 안에서 삼동회 회원들을 불렀습니다. 그 곳에는 평소 알고 지내던 오 형사가 서 있었습니다.

오 형사는 삼동회 회원들을 만날 때마다 격려해 주기도 하고, 사장들의 부당함에 함께 분개해 주기도 했습니다. 그래서 삼동회 회원들과는 허물없이 지내던 사이였지요.

태일과 삼동회 회원들이 오 형사가 있는 건물 안으로 들어가 보니, 사장들이 앉아 있었습니다. 삼동회 회원들은 그제야 누가 사장들에게 시위 계획을 알려 주었는지 깨달을 수 있었습니다.

"오 형사, 정말 이러깁니까?"

삼동회 회원들은 화를 내며 오 형사에게 따졌습니다. 그러나 오 형사는 유들유들 웃으며 말했습니다.

"서로 다 좋은 게 좋은 거지, 뭘 시위까지 하려고 그래. 길거리에서 함부로 시위를 하면 불법인 거 몰라?"

기가 막힌 일입니다. 정작 불법을 저지른 건 근로기준법을 지키지 않는 사장들인데, 법을 지키라고 시위하려는 노동자들더러 불법이라고 하니 말입니다.

"당신네 사장들이 그 동안 법을 지킨 것이 뭐가 있소? 당신들이 공장 노동자들을 못 나가게 방해한다면 우리끼리라도……."

태일과 삼동회 동료들이 이렇게 말하며 나가려 하자, 사장들과 오 형사가 재빨리 말렸습니다.

"어허, 이 사람들이 왜 이리 급해? 우리가 오는 11월 7일까지는 모든 요구를 다 들어줄 테니, 그 때까지만 참아 달라는 거 아니야?"

그 말을 들은 태일과 삼동회 동료들은 속는 셈 치고 한 번만 더 믿어 보기로 했습니다.

그러나 약속한 날짜가 되어도 사장들은 약속을 지키지 않았습니다. 결국 요리조리 거짓말만 하며 시간을 질질 끌어 보자는 속셈이었습니다.

태일과 삼동회 동료들은 맥이 빠졌습니다. 신문 기사가 처음 실렸을 때는 그렇게도 기뻐했건만, 달라진 점은 하나도 없었습니다. 날이 갈수록 국민들의 관심은 시들해졌고, 평화시장 노동자들도 실망하는 눈치였습니다.

"그것 봐. 힘없는 노동자들끼리 아무리 발버둥쳐 봐야 소용이 없다구."

이렇게 푸념하는 사람들도 많았습니다.

태일은 골똘히 생각에 잠겼습니다.

'비참한 우리 현실을 국민들에게 반드시 알려야 해. 그래야만 평화시장 노동자들의 문제를 해결할 수 있을 거야.'

태일은 삼동회 동료들에게 근로기준법 화형식을 하자고 제의했습니다.

"있어도 지켜지지 않는 그 따위 법은 마땅히 불태워 버려야 해."

근로기준법, 그 법을 처음 발견했을 때 태일은 얼마나 기뻐

흥분했던가요? 그리고 그 법을 이해하려고 얼마나 많은 밤을 지새웠던가요? 또한 그 법을 지키게 하려고 얼마나 많은 시련을 겪어야 했던가요?

그런데 태일은 이제 그 법을 불태워 버리자고 합니다. 있어도 아무 소용 없는 법, 지키지 않아도 아무도 탓하지 않는 법……. 바로 그런 법을 불태우자는 것입니다.

태일과 삼동회 회원들은 11월 13일 오후 한 시에 근로기준법 화형식을 하기로 하고 준비를 해 나갔습니다.

불꽃

 태일은 스물두 살 청년입니다. 그러나 태일이 살아온 스물두 해는 굶주림과 가난과 고통에 짓눌려 있었습니다.
 누구든 앞장서 나서지 않는다면, 앞으로도 수많은 어린이들이 태일이 겪은 것과 똑같이 굶주림과 가난과 고통에 짓눌린 채 살아가게 될 것입니다. 아무 죄도 없이 말입니다. 태일은 바로 그것을 견딜 수 없었습니다.
 굶주린 어린 견습공들에게 자기 점심을 나눠 주고, 그들의 힘겨운 노동을 대신 해 주는 것만으로는 문제를 해결할 수 없다는 사실을 태일은 뼈저리게 겪어 알고 있습니다.
 태일은 한때 희망을 품기도 했습니다. 근로기준법을 처음 발견했을 때 그러했습니다. 평화시장 노동자들의 비참한 실상이 신문에 실렸을 때도 그러했습니다.

그러나 그런 희망은 먹구름 속에서 드러난 별빛처럼 잠깐 반짝이고는 사라졌습니다. 그리고 곧이어 더 큰 절망이 태일을 덮쳐 왔습니다.

세상 사람들은 이 땅의 노동자들이, 또는 그 자식들이 얼마나 비참하게 살아가고 있는지 까맣게 모르고 있습니다. 아니, 알면서도 모른 체하고 있는지도 모릅니다.

그래서 태일은 죽음을 생각합니다. 그 가련한 어린 생명들을 학대하는 죄 많은 사람들의 양심에 불을 지르려고, 햇빛도 들지 않는 어둠침침한 공장에서 나날이 시들어 가고 있는 어린 생명들을 보고도 못 본 체하는 사람들의 차가운 가슴에 불을 지피려고, 태일은 죽음을 생각합니다.

마침내 근로기준법 화형식을 하기로 한 날이 다가왔습니다. 태일은 그 날따라 옷을 단정하게 갈아입었습니다. 그리고 방도 깨끗하게 청소해 두었습니다.

태일은 손때가 묻어 닳고 닳은 근로기준법 책을 찾았지만 보이지 않았습니다. 어머니가 왠지 불안한 생각이 들어 감춰 버렸던 것입니다. 태일이 집 안 구석구석을 뒤져 보았지만 헛수고였습니다. 태일은 하는 수 없이 어머니를 불렀습니다.

"어머니, 어머니가 제 근로기준법 책을 감추셨죠? 어서 돌려

주세요."

어머니는 처음에는 모른다고 잡아떼다가 어찌나 조르는지 다음에는 내다 버렸다고 했습니다. 그래도 태일이 조르자 어머니는 애원하다시피 말했습니다.

"얘, 너 그 책 자꾸 가지고 다니다간 큰일나겠다. 이 에미 소원이니 제발 그 책 좀 버리렴."

그러자 태일은 화까지 내며 말했습니다.

"다른 것은 다 어머니 뜻대로 할 수 있어도 지금 제가 하는 일만큼은 어쩔 수 없어요."

어머니는 하는 수 없이 책을 꺼내 주었습니다.

"죄송해요, 어머니……."

태일은 어머니 얼굴을 물끄러미 바라보면서 조용히 말했습니다. 어머니는 태일이 화를 내서 죄송하다는 뜻인지 아니면 뭔가 다른 잘못이 있어서 죄송하다는 뜻인지 알 수가 없었습니다.

태일은 집을 나서기 전에 아침으로 라면을 먹었습니다. 그러나 어머니는 그것이 태일의 마지막 식사가 되리라고는 상상도 못 했습니다.

태일은 식사를 마치고 막내 동생 순덕이의 머리를 한번 쓰다듬어 주고는 집을 나섰습니다.

1970년 11월 13일, 낮 한 시.

평화시장 앞길에는 5백 명쯤 되는 노동자가 모여들었습니다. 이번 시위도 미리 눈치를 챘는지 시장 경비원들이 손에 몽둥이를 거머쥐고 노동자들이 모이지 못하게 막고 있었습니다. 시장 경비원들은 지난번 시위 때보다 더 많아 보였고, 경찰까지 출동해 진을 치고 있었습니다.

태일과 삼동회 동료 한 사람이 미리 준비한 현수막을 들고 거리로 뛰쳐나갔습니다. 그 현수막에는 '우리는 기계가 아니다!'라고 쓰여 있었습니다.

태일과 동료 한 사람이 막 거리로 나서려는 순간, 형사 두 사람이 달려들어 현수막을 빼앗으려고 했습니다. 그러는 바람에 현수막은 쭈욱 소리를 내며 찢어져 버렸습니다.

다른 삼동회 회원들과 노동자들도 거리로 뛰어나왔습니다. 시장 경비원과 경찰들은 거리로 나오는 노동자들을 몽둥이로 막았고, 노동자들은 그것을 밀치고 거리로 나가려고 이리 뛰고 저리 뛰었습니다.

이렇게 심한 몸싸움이 십여 분쯤 벌어지고 있을 때였습니다.

한쪽 골목에서 온몸에 불이 붙은 채 거리로 뛰어나오는 사내가 있었습니다. 태일입니다.

"근로기준법 준수하라!"

"우리는 기계가 아니다!"

"일요일은 쉬게 하라!"

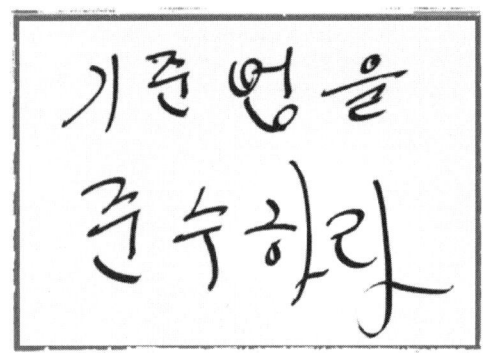

〈평화시장 피복 제품상 종업원 근로 개선 진정서〉에 전태일 자신이 쓴 글씨입니다.

1969년 12월 평화시장에서 재단 보조공과 함께 찍었습니다. 이 곳은 1970년 11월 13일 전태일(오른쪽)이 온몸을 불사른 바로 그 자리이기도 합니다.

"노동자들을 혹사하지 말라!"

태일은 짐승처럼 울부짖었습니다. 태일의 온몸을 휘감은 불길이 마침내 입을 틀어막아 버린 듯, 마지막 소리는 비명에 가까웠습니다.

태일은 불꽃에 휩싸인 채 비틀비틀 몇 걸음 더 옮겨 놓다가 마침내 땅바닥에 풀썩 쓰러지고 말았습니다. 너무나 놀라운 광경에 사람들은 모두 얼어붙은 듯 불길만 바라보고 있었습니다.

한참 만에 노동자 한 사람이 뛰어나와서 자기 점퍼를 벗어 태일의 몸에 붙은 불을 껐습니다. 그러나 태일의 몸은 이미 숯처럼 까맣게 타 버린 뒤였습니다.

불길이 꺼지자 태일은 잠시 뒤에 비틀거리며 일어서서 마지막 남은 힘을 다해 외쳤습니다.

"내 죽음을 헛되이 하지 말라……!"

그러고는 다시 땅바닥에 쓰러졌습니다.

어머니는 뒤늦게 소식을 듣고 병원으로 달려갔습니다. 어머니의 얼굴은 백지장처럼 하얗게 질렸습니다.

"태일아!"

어머니는 흉측하게 일그러진 아들의 얼굴을 어루만지며 울부짖었습니다. 설마, 설마 했지만 태일이 이런 일까지 저지를 줄은 상상도 하지 못했습니다.

태일은 어머니를 쳐다보며 말했습니다.

"어머니, 마음을 굳게 먹고 담대해지세요……. 어머니, 우리 어머니만큼은 저를 이해해 주실 수 있지요? 저는 이 세상 어두운 곳에서 버림받는 목숨들, 불쌍한 노동자들을 위해 죽습니다. 어머니, 걱정 마세요. 조금도 슬퍼 마세요. 두고두고 더 깊이 생각해 보시면, 어머니도 이 불효 자식을 원망하지만은 않을 거예요. 어머니, 저를 원망하시나요?"

어머니는 눈물을 흘리며 고개를 저었습니다.

"나는 너를 이해한다. 내가 어떻게 너를 원망하겠니? 원망 않는다."

태일은 빙그레 웃었습니다.

"역시…… 우리 어머니는 나를 이해하셔."

태일은 숨을 쉬기 힘든 듯 헉헉거리며 말했습니다.

"어머니, 제가 못다 이룬 일을 어머니가 꼭 이루어 주세요."

어머니는 입술을 깨물었습니다. 아들의 죽음이 머지않았다는 것을 짐작했기 때문입니다.

"그래, 아무 걱정 마라. 내 목숨이 붙어 있는 한 기어코 네 뜻을 이룰게."

태일은 몇 번이고 어머니에게 약속해 달라고 당부하고는 동료들을 불러 달라고 말했습니다.

동료들이 오자 태일은 이렇게 말했습니다.

"우리가 하려던 일, 내가 죽고 나서라도 꼭 이루어 주게…….
아무리 어려워도 절대로 포기해서는 안 되네. 내 죽음을 헛되이
말게…….”

동료들은 무슨 큰 죄라도 지은 것처럼 태일의 말에 아무 대답을 하지 못했습니다.

그러자 태일은,

"왜 대답하지 않는가!"

하고 외치며 벌떡 일어나려 했습니다.

동료들은 황급히 태일을 말리며 말했습니다.

"그래, 자네 말대로 꼭 하겠어."

태일은 다시 말했습니다.

"큰 소리로 맹세해라!"

태일의 동료들은 힘을 모아 큰 소리로 외쳤습니다.

"맹세한다!"

그제야 태일은 안심하며 눈을 감았습니다.

태일은 그 날 밤 열 시에 숨을 거두었습니다. 눈을 감기 직전에 태일은 희미하게 눈을 뜨더니 힘없이,

"배가 고프다…….”

하고 중얼거렸습니다.

평생을 굶주림에서 벗어나 보지 못했던 스물두 살 청년, 전태일은 마지막으로 이 말을 남긴 채 숨을 거두었습니다.

뒷이야기

　전태일의 죽음은 온 나라를 발칵 뒤집어 놓았습니다.
　노동자, 대학생, 종교인, 학자…… 조금이라도 양심이 있는 사람들은 한결같이 정부와 노동청을 맹렬히 비판하고 나섰습니다. 대학생들의 시위도 끊이지 않았습니다. 그 동안 잠잠했던 신문, 방송, 잡지에서도 날마다 전태일의 죽음과 평화시장 노동자들의 비참한 실태를 보도했습니다.
　어머니는 태일이 죽고 난 뒤에 더욱 강해졌습니다. 무슨 일이 있어도 태일의 뜻을 이루고야 말겠다고 결심한 것이지요. 사랑하는 아들이 죽은 마당에 어머니는 아무것도 두려울 게 없었습니다.
　어머니는 태일의 소원이었던 여러 가지 요구 사항이 이루어지지 않으면 태일의 장례식조차 치르지 않겠다고 버텼습니다. 그것은 다음과 같은 내용이었습니다.

    첫째, 일요일은 쉬게 할 것.
    둘째, 하루에 여덟 시간만 일하게 할 것.
    셋째, 저임금(낮은 월급)을 없앨 것.
    넷째, 때에 맞춰 건강 진단을 해 줄 것.
    다섯째, 작업장 환경을 해치는 다락방을 없앨 것.
    여섯째, 여자들에게 한 달에 하루씩 또다른 휴일을 줄 것.
    일곱째, 때에 맞춰 임금을 올릴 것.
    여덟째, 노동조합 만드는 것을 지원해 줄 것.

물론 이것은 모두 근로기준법이나 다른 법률에 적혀 있는 사항이며, 단지 그 법을 지켜 달라는 요구일 뿐입니다.

태일이 숨을 거둔 날부터 수많은 대학생과 시민들이 날마다 태일의 시체가 있는 병원에 찾아와 태일의 죽음을 슬퍼하고, 정부와 노동청을 비난하는 시위를 벌였습니다. 그러니 정부와 노동청에서도 어쩔 도리가 없었습니다. 나중에는 노동청장이 직접 병원으로 찾아와 요구 사항을 모두 들어주겠다고 어머니 앞에서 약속했습니다.

태일이 죽은 지 꼭 14일 만에 평화시장에는 정식으로 노동조

삼우제날 찍은 가족 사진입니다. 영정을 든 이소선 어머니 오른쪽이 동생 순옥, 맨 오른쪽이 막내 순덕입니다.

어머니가 전태일의 영정을 들고 오열하고 있습니다.

1970년 11월 19일, 전태일이 생전에 주일 학교 교사였던 창현교회에서 치러진 영결식 모습.

합이 만들어졌습니다.

'노동조합'이란 노동자들 스스로 자신의 이익을 지키려고 만드는 단체입니다. 노동조합이 있으면 사장들도 노동자들을 함부로 대하지 못합니다. 그래서 사장들은 어떻게 해서든 노동조합을 만들지 못하게 하려고 애써 왔던 것이지요.

노동조합이 생기자 평화시장 노동자들은 서로 얼싸안고 눈물을 흘렸습니다. 태일이 살아생전에 그렇게 바라던 일들이 죽어서야 이루어진 것입니다.

노동조합이 생긴 다음에도 사장들은 틈만 나면 노동조합을 없애려고 갖은 음모를 다 꾸몄습니다. 그러나 태일의 뜻을 이어받은 어머니와 노동자들은 목숨을 걸고 노동조합을 지켜 나갔습니다.

노동조합은 하루도 빠짐없이 평화시장을 돌아다니며 노동자들이 부당한 대우를 받지나 않는지 감시하고 감독했습니다. 그리고 가난해서 학교에 다니지 못한 노동자들을 위해 야간 학교를 만들었습니다.

그러는 동안 수많은 시련이 닥치기도 했지만, 평화시장 피복 공장의 노동자들은 함께 똘똘 뭉쳐 노동조합을 굳건히 지켜 냈습니다.

태일의 어머니 이소선 씨는 평화시장의 노동자, 아니 모든 노동자들을 위해 몸을 돌보지 않고 일했습니다. 그들 모두가 태일

전태일 열사 1주기 추도식에 모인 삼동 친목회 회원들. 당시 이들은 대부분 전국연합노조 청계피복지부에서 간부로 일하고 있었습니다.

과 다름없는 아들딸들이라고 생각했기 때문입니다. 태일의 어머니는 아들 하나를 잃은 대신 수백만 수천만 명의 아들딸을 얻게 된 셈입니다. 그래서 우리 나라의 모든 노동자들은 지금도 이소선 씨를 '어머니' 또는 '엄마'라고 부르고 있습니다.

태일은 연약한 한 목숨을 불태워 어머니를 강하게 만들고 모든 노동자들을 강하게 만들었습니다.

그러나 어머니는 스스로 목숨을 끊는 일에는 딱 잘라 반대합니다. 아무리 현실이 힘들고 어려워도 태일처럼 죽어서는 안 된다고 말합니다.

어머니는 틈만 나면 이렇게 말합니다.

"태일이와 같은 죽음이 이 나라에서 두 번 다시 있어서는 안 됩니다. 그것은 태일이 하나만으로도 충분합니다. 그리고 자식의 죽음으로 가슴에 못이 박힌 어머니는 저 하나로도 충분합니다. 이런 불행한 일이 이 나라에서 더 이상 되풀이되어서는 안 됩니다. 어떤 어려움이 있어도 여러분은 살아서 노력하십시오."

태일을 가졌을 때 꾸었던 어머니의 태몽은 아주 정확히 맞아떨어진 셈입니다. 태일은 꿈 속에서 본 커다란 해처럼 어머니의 가슴을 들이박고는 산산이 부서졌습니다. 그래서 이 땅의 모든 어두운 곳을 비추어 주었습니다.

하지만 어머니의 아픈 가슴만큼은 영영 아물지 않을 테지요.

경기도 마석 모란공원에 있는 전태일의 묘입니다.

경기도 마석에는 모란공원이라는 공동 묘지가 있습니다. 그곳에 가면, 묘비에 이렇게 적힌 초라한 무덤을 볼 수 있을 것입니다.

'삼백만 근로자의 벗 전태일의 묘.'

바로 태일의 무덤입니다.

태일이 죽을 무렵 3백만 명이었던 우리 나라 노동자가 지금은 천만 명이 넘습니다. 날이 갈수록 태일의 벗은 점점 많아지고 있는 셈입니다.

여러분이 그 무덤 앞에 들꽃이라도 한 송이 꺾어 올려놓는다면, 태일은 빙그레 웃으며 이렇게 말할지도 모릅니다.

"고맙다, 어린 친구야. 가난에 굽히지 말고, 부유함에 오만하지 말고, 언제나 성실하고 정의롭게 살도록 하렴. 나는 언제나 네 친구이고, 너희는 내 꿈의 전부란다."

전태일의 생애

1948년	8월 26일, 경상북도 대구시 남산동의 허름한 집에서 아버지 전상수와 어머니 이소선의 맏아들로 태어났습니다.
1950년 _2세	6·25 전쟁이 터질 무렵 온 식구가 대구를 떠나 부산으로 이사했습니다. 그 곳에서 태어난 동생 홍태와 일생에서 가장 행복한 시간을 보냈습니다.
1954년 _6세	아버지가 하던 재봉 일이 잘못돼 집안이 망하자, 온 가족이 서울로 갔습니다. 집 한 칸 없이 염천교라는 다리 근처에서 잠을 자고 밥을 구걸해 먹는 등 비참한 생활을 했습니다.
1956년 _8세	남대문 초등공민학교에 입학했습니다.
1960년 _12세	편입 시험에 합격하여 남대문 초등학교로 옮겼습니다. 그러나 공납금을 제때에 내지 못해 학교를 그만두었습니다. 아버지의 방황과 어머니의 병 때문에 솥, 조리, 빗자루, 석쇠, 삼발이 따위를 팔면서 생계를 꾸려 가는 소년 가장이 되었습니다.
1961년 _13세	솥, 조리 따위를 떼어 오던 위탁 판매소에 물건값을 제때에 갚지 못하게 되자, 불안한 마음에 무작정 집을 나와 버렸습

니다. 이 때부터 일 년이 넘게 신문팔이와 구두닦이를 하며 거리를 떠돌다 부모님 곁으로 돌아갔습니다.

1963년 _15세 다시 대구로 가서 옷 만드는 일을 시작한 아버지를 도우면서 청옥 고등공민학교에 입학했습니다. 낮에는 아버지 일을 돕고 틈틈이 공부하면서 열심히 학교 생활을 했습니다. 그러나 아버지의 일이 바빠지자, 학교에 다닌 지 일 년도 채 못 되어 학교를 그만두게 되었습니다. 혼자 힘으로라도 공부를 계속해야겠다는 일념으로 동생 홍태와 함께 배움을 찾아 집을 떠났습니다. 서울에서 온갖 고생만 하다 사흘 만에 다시 집으로 돌아왔습니다.

1964년 _16세 어머니가 서울로 식모살이하러 떠난 뒤, 동생 순덕이를 데리고 어머니를 찾아 서울로 올라갔습니다.

1965년 _17세 서울에서 갖은 고생을 하다가, 청계천 평화시장에 있는 '삼일사'라는 공장에 정식으로 취직했습니다. 견습공이기는 하지만 이 때부터 어엿한 노동자로 생활하게 됩니다. 이 곳에서 노동자의 불행하고 아픈 현실에 눈뜨게 됩니다.

1966년 _18세 '한미사'라는 공장으로 직장을 옮겨 재단 보조공이 되었습니다. 몹시 나쁜 노동 현실에 대해 고민하던 중 근로기준법을 알게 되어 부당한 노동 현실을 개선해 나갈 수 있다는 희망을 품게 되었습니다. 그러나 동료 노동자들을 배려한다는 것이 사장 눈에 거슬려 공장에서 쫓겨났습니다.

1968년 _20세 평생을 가난에 허덕이며 살아온 아버지가 돌아가셨습니다. 그 뒤 전태일은 전부터 뜻을 같이해 온 동료 노동자들과 함께 '바보회'라는 모임을 만들고, 회장으로 일했습니다. 바보회는 평화시장 노동자들의 실태를 파악해서 근로감독관을 찾아갔지만, 근로감독관은 전태일과 동료들의 말을 제대로 들어주지도 않았습니다. 이 일로 전태일은 해고당하고, 공사장에서 막노동을 해야 했습니다.

1970년 _22세

평화시장에 돌아와 예전의 바보회를 '삼동 친목회'로 이름을 바꾸고, 다시 설문 조사를 하는 등 열심히 활동한 끝에 마침내 신문에 노동자의 실태를 고발하는 기사가 크게 보도됩니다. 평화시장 노동자들의 비참한 노동 현실이 세상에 알려져 전태일과 동료 노동자들은 희망에 부풀었으나, 아무런 개선 없이 시들해지자 근로기준법 화형식을 치르고 시위를 벌이기로 했습니다. 자기 한 몸을 희생해서라도 부당한 노동 현실을 개선해야겠다고 결심한 청년 노동자 전태일은 근로기준법 화형식을 하기로 한 1970년 11월 13일, 마침내 온몸에 불을 사르고 쓰러졌습니다. 평생을 굶주림 속에 살아온 전태일은 병원 영안실에서 스물두 살 꽃다운 나이로 세상을 떠났습니다.

청년 노동자 전태일

1996년 8월 1일 1판 1쇄
2005년 4월 1일 1판 21쇄
2005년 7월 8일 2판 1쇄
2024년 3월 15일 2판 26쇄

글쓴이 위기철
그린이 안미영

편집 김태희, 모지은, 박찬석
제작 박흥기
마케팅 이병규, 양현범, 이장열, 김지원
홍보 조민희

출력 한국커뮤니케이션
인쇄 코리아피앤피
제책 J&D바인텍

펴낸이 강맑실
펴낸곳 (주)사계절출판사
등록 제406-2003-034호
주소 (우)10881 경기도 파주시 회동길 252
전화 031)955-8588, 8558
전송 마케팅부 031)955-8595 편집부 031)955-8596
홈페이지 www.sakyejul.net | 전자우편 literature@sakyejul.com | 블로그 blog.naver.com/skjmail
페이스북 facebook.com/sakyejulkid | 인스타그램 instagram.com/sakyejulkid

ⓒ 위기철 1996

값은 뒤표지에 적혀 있습니다. 잘못 만든 책은 구입하신 서점에서 바꾸어 드립니다.
사계절출판사는 성장의 의미를 생각합니다. 사계절출판사는 독자 여러분의 의견에 늘 귀 기울이고 있습니다.
이 책은 저작권법에 따라 보호받는 저작물이므로 무단전재와 복제를 금합니다.

ISBN 978-89-5828-099-6 74810
ISBN 978-89-5828-471-0 (세트)